essentials

essentials liefern aktuelles Wissen in konzentrierter Form. Die Essenz dessen, worauf es als „State-of-the-Art" in der gegenwärtigen Fachdiskussion oder in der Praxis ankommt. *essentials* informieren schnell, unkompliziert und verständlich

- als Einführung in ein aktuelles Thema aus Ihrem Fachgebiet
- als Einstieg in ein für Sie noch unbekanntes Themenfeld
- als Einblick, um zum Thema mitreden zu können

Die Bücher in elektronischer und gedruckter Form bringen das Fachwissen von Springerautor*innen kompakt zur Darstellung. Sie sind besonders für die Nutzung als eBook auf Tablet-PCs, eBook-Readern und Smartphones geeignet. *essentials* sind Wissensbausteine aus den Wirtschafts-, Sozial- und Geisteswissenschaften, aus Technik und Naturwissenschaften sowie aus Medizin, Psychologie und Gesundheitsberufen. Von renommierten Autor*innen aller Springer-Verlagsmarken.

Weitere Bände in der Reihe https://link.springer.com/bookseries/13088

Ennis Gündoğan

Robotic Process Automation im Desktop-Publishing

Eine Einführung in softwaregestützte Automatisierung von Artwork-Prozessen

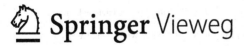 Springer Vieweg

Ennis Gündoğan
Krefeld, Deutschland

ISSN 2197-6708   ISSN 2197-6716 (electronic)
essentials
ISBN 978-3-658-37136-4   ISBN 978-3-658-37137-1 (eBook)
https://doi.org/10.1007/978-3-658-37137-1

Die Deutsche Nationalbibliothek verzeichnet diese Publikation in der Deutschen Nationalbibliografie; detaillierte bibliografische Daten sind im Internet über http://dnb.d-nb.de abrufbar.

Planung/Lektorat: David Imgrund
Springer Vieweg ist ein Imprint der eingetragenen Gesellschaft Springer Fachmedien Wiesbaden GmbH und ist ein Teil von Springer Nature.
Die Anschrift der Gesellschaft ist: Abraham-Lincoln-Str. 46, 65189 Wiesbaden, Germany

Was Sie in diesem *essential* finden können

Dieses *essential* setzt das Ziel, Impulse zu folgenden Fragestellungen zu vermitteln:

Einführung in das Thema Desktop-Publishing (DTP)

- Was ist DTP?
- Wie ist die Geschichte des DTP?
- Wie sieht die Zukunft des DTP aus?

Einführung in das Thema Automatisierung

- Was ist Automatisierung?
- Mit welchem Ziel wird die Automatisierung eingesetzt?
- Welche Stufen der Automatisierung sind vorhanden?
- Wie sieht die Zukunft der Automatisierung aus?

Einführung in das Thema DTP-Automatisierung

- Was wird unter Artwork-Prozesse verstanden?
- Wieso sollten Artwork-Prozesse automatisiert werden?
- Wie sollte mit der Angst vor Arbeitsplatzverlust durch Einsatz von Automatisierung umgegangen werden?
- Welche technischen Möglichkeiten für die DTP-Automatisierung sind vorhanden?
- Mit welchen Adobe-Technologien lassen sich DTP-Automatismen realisieren?

- Wie kann die IT-Infrastruktur erweitert werden, um DTP-Automatismen unternehmensweit einzusetzen?
- Wie können unterschiedliche Datenquellen und Anwendungssysteme in ein DTP-Softwareprojekt integriert werden?
- Wie können DTP-Automatismen in bereits bestehende Geschäftsprozesse integriert werden?

Für Eray.

Gastvorwort

„Standardisierung und Automatisierung zerstören die Kreativität", das musste ich mir früher als Herstellungsleiter wiederholt anhören. Nach wie vor bin ich vom Gegenteil überzeugt. Mit klaren (Design-)Regeln schafft man eine Corporate Identity (von der man auch wieder bewusst ausbrechen kann). Repetitive Aufgaben, die zum Beispiel mit Hilfe von Skripten oder API-Services automatisiert werden, sparen Zeit oder erlauben es, zusätzliche Formate zu erzeugen und auszugeben. Und künstliche Intelligenz (KI) hilft dabei, zeitintensive Aufgaben schneller zu lösen oder Entscheidungen zu treffen.

Damit schafft man mehr Freiräume für Kreativität.

Adobe setzt mit den Creative-Cloud-Applikationen schon sehr lange auf beides: Kreativität und Möglichkeiten zur Automatisierung. Etwa durch Funktionen wie GREP in InDesign oder Aktionen in Photoshop und immer mehr Sensei: KI, die Bilder freistellt oder einen passenden Ausschnitt auswählt. Aber auch InDesign-Server-Lösungen, die nicht nur Prozesse für Zeitschriften, Kataloge oder Produktmarketing automatisieren, sondern auch das Herz vieler Web-to-Print-Anwendungen sind. Bis hin zu aktuellen APIs, die Automatisierungen in der Cloud ermöglichen. Das Ganze wird ergänzt von Tausenden Skripten und Plugins, die Kreative oder Entwickler(innen) für den eigenen Bedarf entwerfen oder auch für andere Creative-Cloud-Kund(inn)en über den Creative-Cloud-Marktplatz vertreiben.

Dezember 2021

Ingo Eichel
Sr. Manager, Creative Cloud
Ecosystem Development, Adobe

Vorwort

Alles, was man in einer Organisation automatisieren kann, sollte automatisiert werden – so lautet die sinngemäße Definition von Hyperautomatisierung, eines der bedeutendsten, strategischen Technologietrends 2021 von dem Marktforschungsunternehmen Gartner. Doch der Wunsch nach Rationalisierung ist kein neuartiges Phänomen der Wirtschaft, sondern existiert seit den Anfängen der technischen Produktion und findet seine Ursprünge in den modernen Entwicklungen im 19. Jahrhundert. Sowohl die Industrialisierung und Maschinisierung im 19. und 20. Jahrhundert als auch die Digitalisierung in den letzten beiden Jahrzehnten haben dazu beigetragen, Prozesse zunehmend effektiver und effizienter zu gestalten. Diese Prozessoptimierung wird in der heutigen Industrie 4.0 als Automatisierung bezeichnet und dient als eine wesentliche Komponente in der Wirtschaft, um Unternehmensziele mit qualitativ und quantitativ besseren Ergebnissen zu erreichen als mit nicht-automatisierten Geschäftsprozessen.

Auch im Bereich des Desktop-Publishings (DTP) ist der Einsatz von Automatismen unabdingbar. Doch vielen Unternehmen und Anwender(inne)n sind die vielfältigen Möglichkeiten der Automatisierung im Bereich des DTP nicht oder nur geringfügig bekannt. Das vorliegende *essential* setzt das Ziel, diese Lücke zu füllen und legt dabei den Fokus auf sich wiederholenden Artwork-Prozessen in der Druckvorstufe. Dieses Buch spricht ein breites Publikum an, darunter Mediengestalter(innen), Softwareentwickler(innen), IT-Systemadministrator(inn)en sowie IT-Entscheider(innen) und übermittelt dem/der Leser(in) diverse Impulse zum Thema DTP-Automatisierung in geballter Form.

Dieses Buch ist als ein zusammenfassender Überblick über die wichtigsten Themen rund um DTP-Automatisierung zu verstehen und basiert auf meine Bachelor-Thesis, für deren Betreuung ich mich bei Prof. Dr. Jürgen Propach und Henning Mertes bedanke. Weiterhin danke ich David Blatner, Gregor Fellenz,

Peter Kahrel und der gesamten Adobe-Developer-Community für den wertvollen Input in meine Thesis, Kerri Shotts, Erin Finnegan, Mike Zahorik und Ari Fuchs für die fachlichen Hilfestellungen in Kap. 4.2 dieses Buchs, Ingo Eichel für das Gastvorwort, Geetha Muthu Raman, David Imgrund und dem gesamten Springer-Essentials-Team für die Realisierung dieses Buchprojekts und – last but not least – meiner Familie für jegliche Unterstützung.

Ich wünsche Ihnen viel Spaß beim Lesen und freue mich auf jegliches Feedback per E-Mail an: *e@gndgn.dev*

Krefeld   Ennis Gündoğan
im Dezember 2021

Inhaltsverzeichnis

Abbildungsverzeichnis

Einleitung 1

Wie im Vorwort erläutert ist die Optimierung von Prozessen, um höchstmögliche Effektivität und Effizienz zu erzielen, seit längerer Zeit ein wichtiges Ziel in der Wirtschaft. Die Automatisierung tangiert heute nicht nur nahezu alle Branchen der Wirtschaft, sondern auch profane Bereiche des alltäglichen Lebens und wird in den meisten Fällen durch Lösungen aus der Informationstechnik (IT) gestützt oder gar realisiert. So auch im Bereich des DTP. Während sich DTP anfangs ausschließlich mit dem klassischen Druckvorgang beschäftigte, spielen heute neuartige Medien und Formate wie das Web, interaktive PDF-Dateien, Smartphones, Tablets und E-Books eine wichtige Rolle. Die zunehmende Komplexität heutiger Anforderungen setzt voraus, vorhandene DTP-Systeme mit zusätzlichen Automatismen zu koppeln und IT-Infrastrukturen dahin gehend auszubauen.

Diese Lektüre lässt sich im Wesentlichen in drei Teilbereiche untergliedern (Abb. 1.1). Zunächst wird der/die Leser(in) in Kap. 2 und 3 in die Themen DTP und Automatisierung eingeführt. Anschließend werden in Kap. 4 technische Möglichkeiten der Automatisierung im DTP beschrieben, mit Schwerpunkt auf den Softwareprodukten InDesign bzw. InDesign Server von Adobe.

© Der/die Autor(en), exklusiv lizenziert durch Springer Fachmedien Wiesbaden GmbH, ein Teil von Springer Nature 2022
E. Gündoğan, *Robotic Process Automation im Desktop-Publishing,*
essentials, https://doi.org/10.1007/978-3-658-37137-1_1

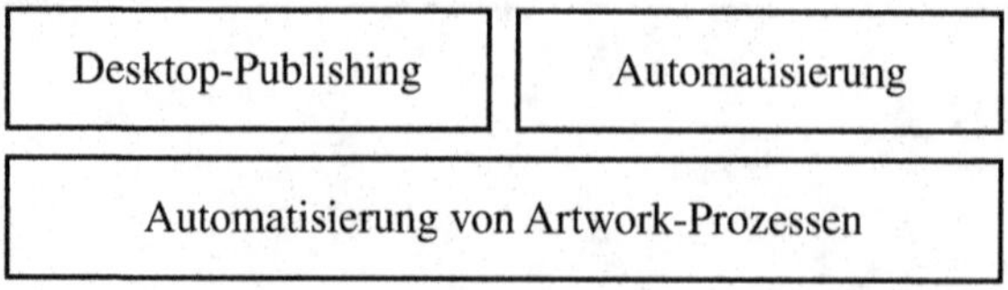

Desktop-Publishing	Automatisierung

Automatisierung von Artwork-Prozessen

Abb. 1.1   Struktur dieser Lektüre

Desktop-Publishing

2

Die Geburtsstunde des DTP wird definiert durch die Partnerschaft der drei Unternehmen Adobe Systems, Aldus Corporation und Apple Computer im Jahr 1985 und die Verknüpfung ihrer Produkte: der Mikrocomputer Apple Macintosh, die Software Aldus PageMaker und der Adobe-PostScript(PS)-fähige Laserdrucker Apple LaserWriter. Diese Zusammensetzung stieß den Beginn einer Design-Revolution an und ermöglichte erstmals das effiziente und preisgünstige Erstellen von Druckerzeugnissen am eigenen Schreibtisch bzw. das „Publizieren vom Schreibtisch aus". Zusammengefasst ist DTP eine Kombination aus Textverarbeitung, Satz und Layoutgestaltung und funktioniert nach dem What-you-see-is-what-you-get(WYSIWYG)-Prinzip – der/die Anwender(in) kann noch vor dem eigentlichen Druckverfahren auf dem Bildschirm sehen, wie das fertige Ergebnis aussehen wird.

Bis heute haben sich mit den rasanten, technischen Fortschritten nicht nur die Möglichkeiten stark gewandelt, mit welchen Werkzeugen man Content – Inhalte, die bestimmte Botschaften übermitteln – erstellen möchte. Ebenso haben sich die Auswahlmöglichkeiten der Medien bzw. Plattformen, worüber man letztendlich die Botschaft kommunizieren möchte, vervielfacht. Auch wenn diese neuartigen Arbeitsabläufe zu Pionierzeiten des DTP nicht absehbar waren, hatte die Einführung von DTP-Systemen große Auswirkungen auf betroffene Unternehmensstrukturen. Diese werden nachfolgend näher beschrieben.

2.1   Historische Entwicklung

Bevor DTP-Systeme eingeführt wurden (Abb. 2.1), arbeiteten Grafiker noch mit handwerklichen Methoden. Bspw. wurden Korrekturschleifen mit Papier, Schere und Klebstoff durchgeführt. Viele Entwurfsschritte, wie das Ändern der Schrift-

© Der/die Autor(en), exklusiv lizenziert durch Springer Fachmedien Wiesbaden GmbH, ein Teil von Springer Nature 2022
E. Gündoğan, *Robotic Process Automation im Desktop-Publishing,*
essentials, https://doi.org/10.1007/978-3-658-37137-1_2

Abb. 2.1
Arbeitsorganisation vor der
DTP-Einführung

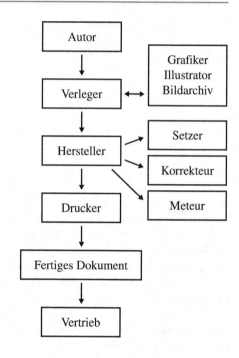

oder Bildgröße, beanspruchten mehrere Stunden oder sogar Tage. Mit der Einführung von DTP wurde der Zeitaufwand vieler dieser Prozesse auf Minuten oder sogar Sekunden drastisch reduziert. Neben der Effizienz nutzten Grafiker die neuen Gestaltungsmöglichkeiten, um so eigene Ideen noch präziser in kreativer Ausdrucksweise kommunizieren zu können. Die Einführung von DTP bedeutete ebenfalls, dass mehrere Techniken wie die des Grafikers, Typografen, Textsetzers und Sekretärs an einer einzigen Stelle – dem so genannten DTP-Publizisten – konsolidiert und somit einige Tätigkeitsfelder komplett redundant wurden. Aufgrund der vielfältigen Aufgabenbereiche rückte diese neue Rolle ins Zentrum der Organisation (Abb. 2.2).

Nach der Herausgabe der DTP-Anwendung PageMaker (Abb. 2.3) von Aldus Corporation im Jahr 1985 erschienen weitere Anwendungen, wie bspw. das im Jahr 1986 veröffentlichte Ventura Publishers für IBM-PCs, das nachträglich im Jahr 1990 von Xerox abgekauft wurde, 1993 an Corel weiterverkauft wurde und seitdem als Corel Ventura lizenziert wird. Aldus Corporation wurde 1994 von Adobe gekauft und PageMaker diente als Grundlage für das im Jahr 1999 veröffentlichte Adobe InDesign.

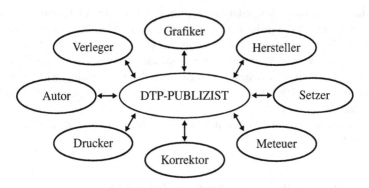

Abb. 2.2 Arbeitsorganisation nach der DTP-Einführung

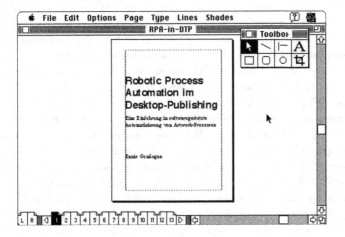

Abb. 2.3 Benutzeroberfläche von PageMaker 2.0a

Seit 2003 kann InDesign sowohl als Einzelanwendung als auch als Teil eines gebündelten Softwarepakets – ehemals genannt Creative Suite (CS) – neben Photoshop, Illustrator und weiteren Adobe-Anwendungen lizenziert werden. Dies hat unter anderem produktstrategische Gründe, da Adobe es mit ihrem Softwarepaket geschafft hat, diverse weitere Anwendungen wie InDesign noch konkurrenzfähiger im Markt aufzustellen, indem sie sie gemeinsam mit ihrem im Markt bereits etablierten Photoshop zu einem günstigen Gesamtpreis anbot und so der Kauf von Konkurrenzprodukten redundant wurde. Ab 2013 bot Adobe ihre Software nicht mehr auf physikalischen Datenträgern sondern über ihren Service Adobe Creative Cloud (CC) an und stieg somit in den Cloud-Computing-Markt ein. Seither etabliert sich Adobe als ein bedeutender Software-as-a-Service(SaaS)-Anbieter, profitiert von neuen Vorteilen des Cloud-Computing wie verkürzte Produktupdate-Zyklen und bietet neue Cloud-Dienste wie Behance oder Adobe Stock an.

Bis heute gelten Adobe-Anwendungen, darunter InDesign, als Industriestandard im DTP-Bereich.

2.2   Die Zukunft des Desktop-Publishings

Mit der stark ansteigenden Nutzeranzahl für Mobilgeräte wächst ebenso die Nachfrage nach Anwendungen für die Erstellung von Content auf Mobilgeräten. Diesem Trend folgt auch Adobe mit der Portierung bisheriger Desktop-Anwendungen auf mobile Plattformen, wie das im Jahr 2019 erschienene Adobe Photoshop und das im Jahr 2020 erschienene Adobe Illustrator, die jeweils für das iPad von Apple verfügbar sind. Es ist nicht nur davon auszugehen, dass Adobe weitere professionelle Anwendungen aus dem Desktop-Bereich als mobile Variante für Tablets und Smartphones anbietet, sondern auch, dass diese als Web-Anwendung veröffentlich werden. Der erste dahin gehende Schritt wurde 2021 in der eigenen Konferenz Adobe MAX angekündigt, in der die Anwendungen Photoshop und Illustrator erstmals als Web-Anwendung präsentiert wurden.

In der CC-Umgebung spielt ebenso künstliche Intelligenz (KI) eine zunehmend größere Rolle. Das im Jahr 2018 veröffentlichte Framework Adobe Sensei verbessert die Erstellung digitaler Inhalte und stellt mehrere intelligente Dienste zur Verfügung. Dieses KI-Framework wird stets weiterentwickelt und in bisherige Anwendungen integriert, zum Beispiel das Juni-2020-Update von Photoshop, in dem das Freistellen bzw. Maskieren von Bildern mithilfe dieses Frameworks erheblich verbessert wurde. In der jährlichen Konferenz Adobe MAX erhalten Teilnehmer neben Ankündigungen ebenso Einblicke in die aktuellen Entwicklungen und Innovationen von Adobe, die zukünftig in den Produktumfang einfließen können. Zu den Innovationen der letzten Konferenzen zählen das Generieren realistischer Schlagschatten von 2-D-Objekten, die automatische Hinzufügung fehlender Personen in Fotos, die Erstellung animierter Videos aus statischen Bildern, die nachträgliche Manipulation der Lichtquelle in Fotos und Videos, das

Ändern oder Hinzufügen von Gesichtsausdrücken in Portraitfotos und das Generieren von 3-D-Modellen von Fotos. Zahlreiche dieser innovativen Entwicklungen sind mit der Technologie Adobe Sensei KI-gestützt.

Es ist davon auszugehen, dass in der Zukunft des DTP die Automatisierung und KI hochgradig eingesetzt werden, um nicht nur Entwürfe automatisiert zu erstellen, sondern auch vervollständigte Publikationen basierend auf Layoutvorlagen, die zuvor von Menschen erstellt und nachträglich von Maschinen mit Inhalten befüllt werden. Weiterhin ist anzunehmen, dass die Automatisierung in der Nachbearbeitung (Post-Processing) und bei webbasierten Ausgaben von Publizierungen eine zunehmend wesentliche Rolle spielen wird.

Automatisierung

Effizienz sowie kostengünstiges und kundenorientiertes Arbeiten sind für Unternehmen eine zwingende Notwendigkeit, um die eigene Position im Markt zu sichern und zukünftig wettbewerbsfähig zu bleiben. Dabei leistet die Automatisierung einen entscheidenden Beitrag. Automatisierung ist die technologische bzw. maschinelle Ausführung einer Tätigkeit, die zuvor von einem Menschen ausgeführt wurde, mit dem Ziel, die Gewinnmaximierung und Effizienzsteigerung in einer Organisation zu fördern. Mit Automatisierung verwandt ist der Begriff ‚Automat‘, dessen Herkunft aus dem Griechischen (autómatos) stammt und ‚sich selbst bewegend‘ bedeutet.

Je nach Branche kann die Definition von Automatisierung variieren. Im Bereich des autonomen Fahrens bspw. wird Automatisierung in die fünf Stufen assistiert, teilautomatisiert, hochautomatisiert, vollautomatisiert und fahrerlos unterteilt. Bei Dienstleistungen wird bei Automatismen zwischen drei Graden unterschieden: (1) Es ist keine Automatisierung vorhanden. (2) Unterstützung der Tätigkeiten durch Automatismen. (3) Vollständig automatisierte Durchführung der Tätigkeiten.

Im Allgemeinen können Automatismen in die beiden Typen Vollautomatismus und Teilautomatismus unterteilt werden. Beim Vollautomatismus wird ein Prozess vollständig von einer Maschine übernommen, während bei einem Teilautomatismus eine manuelle Tätigkeit durch eine Maschine unterstützt wird. Beide Typen erfordern nach wie vor menschliche Fähigkeiten. In Bezug auf DTP können Hilfsmittel wie Skripte oder Plug-ins, die in DTP-Anwendungen integriert werden und von den Anwender(inne)n eine Benutzereingabe vor oder während der Durchführung eines Artwork-Prozesses benötigen, als Typ ‚Teilautomatismus‘ verstanden werden. Komplexe DTP-Systeme, die umfangreiche Aufgaben vollautomatisch und ohne menschliche Interaktion durchführen können, können als Vollautomatismen kategorisiert werden.

© Der/die Autor(en), exklusiv lizenziert durch Springer Fachmedien Wiesbaden GmbH, ein Teil von Springer Nature 2022
E. Gündoğan, *Robotic Process Automation im Desktop-Publishing,*
essentials, https://doi.org/10.1007/978-3-658-37137-1_3

3.1   Stufen der Automatisierung

Im Bereich der Automatismen lassen sich die vier Automationstechnologien Robotic Process Automation, Cognitive Process Automation, digitale Assistenten und Autonomous Agents erkennen. Je nach Automationsgrad, KI-Einsatz und Prozess-Komplexität lassen sich diese Technologien in vier Stufen untergliedern (Abb. 3.1).

3.1.1   Robotic Process Automation

Robotic Process Automation (RPA) bedient vorhandene Anwendungssysteme eines Unternehmens zur automatischen Erledigung strukturierter Aufgaben und ist eine softwaregestützte Form der Geschäftsprozessautomatisierung. Der Einsatz von RPA eignet sich für sich wiederholende, einfache Anwendungsfälle und Aufgaben, die einen monotonen Charakter aufweisen, vom Mitarbeiter als ermüdend empfunden werden und die keine oder wenige Entscheidungen durch Menschen erfordern. Diese Aufgaben können in die drei Aufgabentypen Routineaufgaben, strukturierte und unstrukturierte Aufgaben gegliedert werden. Bei

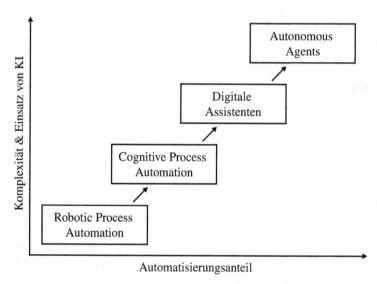

Abb. 3.1   Stufen der Automatisierung

Routineaufgaben werden Daten aus mehreren Anwendungssystemen kombiniert während bei strukturierten Aufgaben mithilfe Daten aus Anwendungssystemen und vordefinierten Regeln eine konkrete Entscheidung getroffen wird. Für die Erledigung unstrukturierter Aufgaben sind zusätzlich zu den oben genannten Bedingungen weiterführende Erfahrungswerte erforderlich. In jedem Fall beruht die Erledigung dieser routinierten Prozesse auf vordefinierten Geschäftsregeln und Rahmenbedingungen und wird manuell ohne technologische Unterstützung ausgeführt.

Die RPA kann als die Tätigkeiten eines Menschen nachahmenden, virtuellen Mitarbeiter gesehen werden. Zu den typischen Tätigkeiten zählen bspw. die Befüllung von Textfeldern oder die Auswahl von Auswahlfeldern im Graphical User Interface (GUI). Ein weiterer möglicher Anwendungsfall, der von der RPA übernommen werden kann, ist das Abfragen bestimmter Spreadsheet- oder Datenbankdaten. Tausende aufwendige Abfragen, die zuvor ein Sachbearbeiter manuell getätigt hat, können so von RPA-Systemen binnen weniger Sekunden bearbeitet werden. Ebenso gehören die Datenprüfung und -aktualisierung zu einem weiteren möglichen Anwendungsfall, in dem bspw. Kundenstammdaten automatisch auf Richtigkeit und Aktualität geprüft und ggf. aktualisiert werden. Die Mehrheit der Automatismen im DTP-Bereich lassen sich als RPA-Software verstehen.

3.1.2 Cognitive Process Automation

Cognitive Process Automation (CPA) ist die nächste Stufe der RPA. Neben CPA existieren weitere Bezeichnungen wie Cognitive RPA, Cognitive Automation (CA) oder Intelligent Process Automation (IPA). Hierbei wird die RPA mit Komponenten der KI-Techniken wie Machine Learning (ML), Natural Language Processing (NLP), Text Mining, Optical Character Recognition (OCR) und Intelligent Character Recognition (ICR) kombiniert und zur Erledigung komplexer Aufgaben eingesetzt.

CPA ist in der Lage, Datenmuster zu erkennen, um so vielschichtig und in dynamischen Prozessstrukturen eingesetzt werden zu können. Die Technologie ist lernfähig, erweiterbar und passt sich bei veränderten Rahmenbedingungen automatisch den neuen Problemstellungen an.

3.1.3 Digitale Assistenten

Digitale Assistenten – auch Sprachassistenten genannt – sind eine Weiterentwicklung von Chatbots und sind fähig, natürliche menschliche Dialoge aufzunehmen, zu verarbeiten und Antworten auf komplexe Fragen zu liefern. Dazu greifen sie auf fortgeschrittene KI-Systeme zu, nicht nur, um den gesprochenen Dialog verstehen zu können, sondern auch, um diesen mit weiteren Benutzerdaten verknüpfen und sich weiter fortbilden zu können. Demnach sind digitale Assistenten lernfähig und greifen je nach Anwendungsfall auf bestehende Daten wie Kaufhistorien, Standort oder personenbezogene Daten zu. Für Verbraucher stehen heute zahlreiche digitale Assistenten zur Verfügung, die den Alltag sowohl in Form von stationären Hardware-Lösungen wie Amazons Alexa als auch in Form von Softwarelösungen wie Apples Siri, Microsofts Cortana oder Samsungs Bixby, die in mobilen Geräten integriert sind, erleichtern. Unternehmen setzen digitale Assistenten für ihre Kunden gerne dazu ein, um einen Touchpoint für Fragen und Interaktionen mit dem Unternehmen anzubieten. Die Interaktion zwischen dem Menschen und dem digitalen Assistenten kann sowohl für die Kundengewinnung als auch für die Lösung unterschiedlicher Support-Fälle genutzt werden. So ist es üblich, dass für den IT-Betrieb digitale Assistenten und Chatbots genutzt werden, um die Automatisierung des First-Level-Supports weitestgehend voranzutreiben. Die Qualität der Ergebnisse von digitalen Assistenten ist abhängig von der Qualität der Daten, mit denen die Assistenten verknüpft sind. Je mehr qualitative Nutzererfahrungen digitale Assistenten aufgreifen können, umso präzisere Antworten können sie liefern.

3.1.4 Autonomous Agents

Unter Autonomous Agents werden komplexe Softwaresysteme verstanden, in denen Deep Learning eingesetzt wird, sodass die Agents eigenständig Entscheidungen treffen und weiterführende Prozesse in Gang setzen können. Deep Learning ist die maschinelle Fähigkeit, Sachverhalte eigenständig erlernen zu können. Gestützt werden Autonomous Agents durch umfangreiche Datensätze – auch Big Data genannt – die sowohl strukturiert als auch unstrukturiert vorliegen und in Echtzeit ausgewertet und analysiert werden können.

Die Entwicklung und Implementierung von Systemen, die menschliche emotionale Reize verarbeiten können – genannt Computational Model of Emotions (CME) – ist im Rahmen von Autonomous Agents eine große Herausforderung. Menschliche kognitive Prozesse wie Entscheidungsfindung können nämlich in der

Realwelt von unterschiedlichen Emotionen und Gefühlen beeinflusst werden, die wiederum von weiteren Motiven wie Motivation und Persönlichkeiten beeinträchtigt werden können. Diese Aspekte in künstlichen Systemen nachzubilden stellt eine große Schwierigkeit dar.

3.2 Die Zukunft der Automatisierung

Sowohl in der Wirtschaft als auch im Alltag werden KI-gestützte Systeme eine zunehmend bedeutendere Rolle spielen. Die Entwicklungen im ML werden mit der Zeit kontinuierlich ausgereifter sein, sodass die Gewährleistung eigenständiger Entscheidungsfindungen immer weiter gestärkt wird. Maschinen werden in Zukunft mit einer zunehmenden Zahl von Problemen konfrontiert werden, für die multiple mögliche Lösungswege existieren. Kann sich die Maschine nicht selbstständig für einen Lösungsweg entscheiden, wird diese Erfahrung vom Menschen analysiert, eine Lösung konkretisiert und dieser Lösungsweg als Regel für zukünftige, gleichartige Probleme definiert. Diese Entwicklung wird so lang stattfinden, bis Maschinen ausreichend Erfahrungswerte zur Verfügung stehen, um vollständig eigenständig agieren können.

Die Tatsache, dass eine steigende Anzahl von Routineaufgaben von Robotern und Softwareautomatismen abgenommen werden, die ursprünglich von Menschen durchgeführt wurden, führt zu einer Debatte über den hohen Verlust von Arbeitsplätzen. Ebenfalls in der Branche des Grafikdesigns machen sich die Veränderungen durch KI und durch Automatisierung und die daraus resultierenden Bedenken bemerkbar. Diese Bedenken sind jedoch noch unbegründet, da heute bei Weitem nicht jede Automatisierungsmöglichkeit vollständig genutzt wird, obwohl es theoretisch möglich wäre. Mit dem Strukturwandel lässt sich außerdem beobachten, dass Aufgabengebiete des Menschen und der Maschine flexibel aufgeteilt werden. Automatisierungstechnologien wie RPA werden nicht zu Arbeitsplatzverlusten führen, sondern lediglich die Produktivität in Organisationen steigern. RPA wird keine Arbeitsplätze rationalisieren sondern Tätigkeiten. Dies wird zu einer Umstrukturierung von Tätigkeitsfeldern führen und Fachkräfte werden an anderen Stellen anspruchsvolleren Aufgaben nachkommen können. Durch Automatismen gestützte Systeme benötigen stets Menschen, die diese bewachen. Daraus lässt sich schlussfolgern, dass Fachkräfte sich in Zukunft weiterbilden müssen, um diese neuartigen Tätigkeiten durchführen zu können. Im DTP-Bereich können zukünftige Grafikdesigner bspw. neben ihren bisherigen gestalterischen Fähigkeiten weitere Kompetenzen wie Programmierung anlernen,

um z. B. kleinere Skripte zur Optimierung eigener Arbeitsabläufe zu realisieren oder um komplett in die DTP-Automatisierung umzusteigen und somit einen
Quereinstieg in die IT zu verwirklichen.

Automatisierung von Artwork-Prozessen

4

Mit Artwork-Prozessen sind diejenigen Prozesse im Rahmen der Medienproduktion gemeint, die während der Transformation einer Werbestrategie oder eines Kreativbriefings in ein Drucklayout oder in einen Web-Content innerhalb der Produktionsphase durchgeführt werden. Im Printbereich finden diese Prozesse in der Phase der Druckvorstufe statt. Gemeint sind nicht der Kreativprozess und der Entwurf einer Designvorlage, sondern die Zusammenführung von Grafiken und Texten für Print- oder Digitalmedien in professioneller Form. Zu den druckbaren Layouts zählen u. a. Kataloge, Flyer, Briefbögen, Verpackungen, Plakate, Bücher und Magazine, während zu den möglichen Inhalten für das Web Online-Kataloge, Infografiken, digitale Whitepapers und eBooks zählen. Die möglichen Berufsbezeichnungen für diese Tätigkeiten sind Kommunikationsdesign, Grafikdesign, Mediendesign und Reinzeichnung.

So wie es bei zahlreichen Bereichen in der Wirtschaft der Fall ist, greift die Automatisierung dann ein, wenn sich Prozesse nach einem bestimmten Muster wiederholen. Insbesondere bei Layouts mit einer hohen Anzahl an Texten und grafischen Elementen eignet sich der Einsatz von Automatismen, in denen Vorlagen bzw. Masterdokumente mit variablen Platzhaltern für Texte und Grafiken mithilfe externer Datenquellen wie Datenbanken befüllt werden. Dieses Verfahren verfügt über diverse Bezeichnungen, darunter Data Driven Publishing (DDP), Variable Data Publishing (VDP), Datenzusammenführung, Dynamic Publishing und Database Publishing.

Ergänzende Information Die elektronische Version dieses Kapitels enthält Zusatzmaterial, auf das über folgenden Link zugegriffen werden kann https://doi.org/10.1007/978-3-658-37137-1_4.

Die Spanne der Automatisierungsmöglichkeiten im Rahmen der Artwork-Prozesse reicht von kleinen Hilfsmitteln wie in DTP-Software eingebundene Skripte bis hin zu komplexen Softwareinfrastrukturen, die das automatisierte Publishing realisieren. Viele heutige DTP-Anwendungen bieten diverse Schnittstellen und Erweiterungsmöglichkeiten für Entwickler an, darunter alle gängigen Adobe-Anwendungen, QuarkXPress, Sketch, Figma u. v. a. m. Im vorliegenden Kapitel werden konkrete Methoden der softwaregestützten Automatisierung von Artwork-Prozessen im DTP-Bereich aufgeführt. Um dem Umfang dieser Lektüre gerecht zu werden, werden die meisten technologischen Methoden auf Adobe-Anwendungen gerichtet. Je nach Bedarf und Komplexität können diese sowohl individuell zum Einsatz kommen als auch zu einer umfangreichen Softwareinfrastruktur gebündelt und in die bestehende IT-Infrastruktur implementiert werden. Für die Realisierung umfangreicher DTP-Softwareprojekte ist Know-how sowohl aus der Softwareentwicklung als auch aus der Mediengestaltung vorteilhaft.

4.1   Zielsetzung und Sinnhaftigkeit

Wie bei allen Automatismen sind auch im Bereich des DTP die allgemeinen Hauptziele die Kosteneinsparung im Unternehmen und die Verbesserung der Endergebnisse durch Standardisierungen und Fehlerreduzierungen sowie die Entlastung der Mitarbeiter bezüglich aufwendiger und monotoner Aufgaben. Im gestalterischen Designprozess können Menschen herausragende Ergebnisse erzielen. Bei der Durchführung von sich wiederholenden Prozessen, bspw. bei der Gestaltung von Hunderten oder Tausenden Katalog- oder Verzeichnisseiten, sind sie wiederum ineffizient. Somit lassen sich aus der Automatisierung sowohl aus Sicht des Unternehmens als auch aus Sicht des Mitarbeiters zahlreiche Vorteile gewinnen. Die Wahrscheinlichkeit, dass Automatismen in Zukunft kreative Prozesse übernehmen und vollständige Designs erstellen können, ist eher gering, da Kreativität keine von Automatismen lösbare Aufgabe ist.

Die Internationalisierung, Ressourcenverknappung, Marktsättigungen sowie die vielfältigen Kundenbedürfnisse fordern heutige Unternehmen immer weiter heraus und führen zur Verschärfung der Wettbewerbssituation. Insbesondere die Digitalisierung führt dazu, dass sich Arbeitsweisen und Organisationsstrukturen stark verändern. Aus diesen Gründen eignet sich der Einsatz von Automatisierung, um alte Strukturen zu rationalisieren, sodass Mitarbeiter sich auf neue, wesentlichere Aufgaben und Herausforderungen konzentrieren und sich somit mit diesen besser identifizieren können.

Im Bereich des DTP zählen zu den repetitiven manuellen Aufgaben diejenigen Prozesse, die sich nach einem bestimmten Muster wiederholen. Dazu zählen bspw. Kopieren-Einfügen- bzw. Copy-Paste-Prozesse oder das wiederholte Produzieren grafischer Assets. Der Strukturwandel vom Manuellen zum Automatisierten wird im besten Fall mit einer Sinnstiftung verknüpft, sodass den Tätigkeiten eine neue Bedeutung zukommt. Dies bringt den Vorteil mit sich, dass Personen, die bisher ihre Arbeit als wenig inspirierend wahrnehmen, sich nun im Rahmen ihrer Tätigkeiten weiterentwickeln und sich mit bereits vorhandenen Talenten in ihnen entfalten können. Im besten Fall spiegeln sich im Umkehrschluss diese Entwicklungen in ihren eigenen Persönlichkeitsentwicklungen wider. Weiterhin ist die Wahrscheinlichkeit, dass die Einführung neuartiger Technologien bei Mitarbeitern Angst vor Verlust des eigenen Arbeitsplatzes hervorruft, hoch. Indem die Mitarbeiter jedoch in den Veränderungsprozess einbezogen werden und ihnen transparent der Sinn dieser Veränderungen nahegebracht wird, reduziert sich nicht nur die Angst vor Veränderungen, sondern die Motivation der Mitarbeiter wird durch die Einwirkungsmöglichkeit erhöht. Die klare Botschaft an Mitarbeiter sollte demnach lauten, dass es bei dem Strukturwandel nicht um Entlassung geht, sondern vielmehr um Entlastung. Sie sollten allgemein keine Angst vor der Automatisierung und den damit hervorgerufenen Veränderungen haben und sich vielmehr darauf konzentrieren, welche Vorteile sie mit sich bringen, wie diese in bestehende Geschäftsprozesse eingesetzt werden können und vor allem wie jeder einzelne Mitarbeiter bei dieser Transformation mitwirken kann.

Es existiert in der DTP-Automatisierung kein einheitliches, für jeden Anwendungsfall gültiges Konzept, da jedes Unternehmen unterschiedliche Unternehmensziele verfolgt und Geschäftsprozesse dementsprechend individuell gestaltet und realisiert sind. Die Entwicklung einer DTP-Automatisierungslösung ist abhängig davon, wie die Geschäftsprozesse im Unternehmen gestaltet sind und wie mit ihnen umgegangen wird. In welchen Formaten und auf welchem Weg werden Kundendaten geliefert? Gibt es überhaupt einen bestimmten Kunden? Müssen nachträgliche Änderungen bspw. in Texten oder Bildern berücksichtigt werden? In welchem Format werden die Druck- und Mediendaten exportiert und wie werden sie versandt? Diese und zahlreiche weitere Fragen sind während der Entwurfsgestaltung von Automatisierungssystemen zu beantworten.

4.2   Adobe-Technologien

Automatisiertes Publishing gewann in der Produktfamilie von Adobe mit der Einführung von InDesign 2.0 im Jahr 2002 und der damit eingeführten Extensible-Markup-Language(XML)-Unterstützung sowie mit der Einführung von CS2 und der Skript-Unterstützung – sowohl in InDesign als auch in weiteren Anwendungen wie Photoshop und Illustrator – im Jahr 2005 an besonderer Bedeutung. Im weiteren Verlauf der Softwareaktualisierungen von Adobe-CS- und später Adobe-CC-Anwendungen wurde die Erweiterbarkeit der DTP-Anwendungen mit Einführung neuer Technologien und der Optimierung bestehender Methoden kontinuierlich gefördert. Der Adobe Tech Blog (https://medium.com/ado betech) dient heute als eine kontinuierlich aktualisierte Quelle, um sich über Adobe-Technologien und -Entwicklungen zu informieren.

Nachfolgend werden gängige, für die DTP-Automatisierung relevante technologische Methoden vorgestellt.

4.2.1   Extensible Markup Language (XML)

XML ist eine Auszeichnungssprache und kann im Rahmen der DTP-Automatisierung genutzt werden, um Texte in Vorlagedateien mithilfe externer Dateien zu füllen und so Layout und Text strikt voneinander zu trennen. Dies bedeutet, dass bspw. der Layouter die XML-Struktur eines Layouts definieren, diese als XML-Datei für die externe Bearbeitung von einem Texter exportieren und nach der Texterstellung schließlich wieder ins Layout importieren kann. Der Layouter könnte ebenso von einer bereits bestehenden XML-Struktur ausgehend ein Layout erstellen und nachträglich die XML-Datei von einem Texter beliebig nachbearbeiten lassen. Mit gängigen Editoren wie TextEdit, Notepad oder Sublime Text, Microsoft(MS)-Office-Anwendungen wie Word oder Excel und Adobe-Anwendungen wie InDesign oder InCopy – eine abgewandelte Anwendung von InDesign – stehen vielfältige Alternativen zur Verfügung, XML-Dateien zu erstellen und zu bearbeiten. Eine XML-Datei ist hierarchisch aufgebaut und besteht aus Elementen, die wiederum aus sich öffnenden und schließenden Tags mit optionalen, zusätzlichen Attributen und den zwischen den Tags liegenden Daten bestehen (Abb. 4.1). XML ist zudem erweiterbar, das heißt, dass Tags nicht unbedingt vordefinierte Standardwerte annehmen müssen, sondern beliebig benannt werden können.

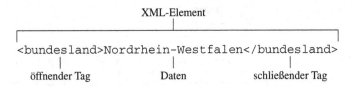

Abb. 4.1 Anatomie eines XML-Elements: Beispiel eines XML-Elements. Zwischen dem öffnenden und schließenden Tag befinden sich die Daten

Importiert man XML-Dateien in InDesign, können diese optional verlinkt werden, sodass bei Änderungen innerhalb der XML-Datei die Layoutinhalte automatisch aktualisiert werden. Nach dem Import besteht zudem die Möglichkeit, die XML-Struktur und -Tags anzuzeigen und diese zu bearbeiten (Abb. 4.2).

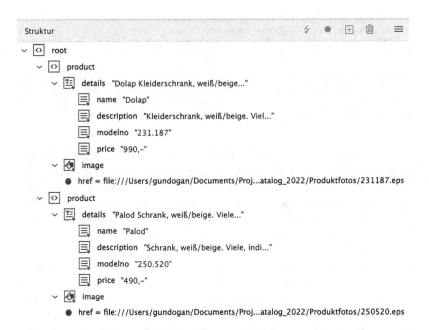

Abb. 4.2 XML-Struktur in InDesign: Die Struktur einer XML-Datei kann in InDesign visualisiert werden. Der korrespondierende XML-Code dieses Beispiels ist in Abb. 4.3 dargestellt

```
<?xml version="1.0" encoding="UTF-8"?>
<root>
   <product>
      <details>
         <name>Dolap</name>
         <description>Kleiderschrank, weiß/beige. Vielfältig geeignet und
         individuell zusammensetzbar. Inneneinrichtung wie abgebildet. Inkl.
         Beleuchtung. 210 cm breit, 200 cm hoch, 59 cm tief.</description>
         <modelno>231.187</modelno>
         <price>990,-</price>
      </details>
      <image href="file:///Users/gundogan/Documents/Projekte/
      Produktkatalog_2022/Produktfotos/231187.eps"></image>
   </product>
   <product>
      <details>
         <name>Palod</name>
         <description>Schrank, weiß/beige. Viele, individuell zusammensetzbare
         Ablagefächer. Inneneinrichtung wie abgebildet. Ohne Beleuchtung. 105
         cm breit, 200 cm hoch, 59 cm tief.</description>
         <modelno>250.520</modelno>
         <price>490,-</price>
      </details>
      <image href="file:///Users/gundogan/Documents/Projekte/
      Produktkatalog_2022/Produktfotos/250520.eps"></image>
   </product>
</root>
```

Abb. 4.3 XML-Datei: Dieses Beispiel einer verschachtelten XML-Datei enthält zwei product-Elemente, die jeweils die Elemente details und image enthalten. Das Element details besteht aus den weiteren Elementen name, description, modelno und price. Das Wurzel-Element root umschließt alle anderen Elemente

Diese Darstellung ist für Anwender(innen) ohne Programmierkenntnisse ggf. benutzerfreundlicher als die Code-Darstellung, bspw. in einem Editor (Abb. 4.3).

Eine sehr mächtige XML-Funktion in InDesign ist die Möglichkeit, XML-Tags vordefinierten Formaten wie Absatzformate, Zeichenformate und Tabellenformate zuzuweisen (Abb. 4.4). So ist es möglich, binnen kürzester Zeit ganze Layoutvorlagen fertig formatiert mit Inhalten zu befüllen (Abb. 4.5).

Bevor eine XML-Datei importiert wird, ist es grundsätzlich empfohlen, diese mithilfe einer korrespondierenden Document Type Definition (DTD) zu validieren. Insbesondere dann, wenn mehrere Systeme an derselben XML-Datei arbeiten und Inhalte ändern oder hinzufügen, macht eine XML-Validierung großen Sinn. Eine DTD ist eine separate Datei, die XML-Inhalte beschreibt und angibt, welche Elemente, Attribute und Entities eine XML-Datei beinhalten darf (Abb. 4.6). InDesign bietet die Möglichkeit, DTD-Dateien zu importieren und nachträglich importierte XML-Dateien auf Erfüllung der DTD-Deklarationen zu prüfen.

Tags zu Formaten zuordnen

Tag	Format	
description	A Fließtext	OK
details	[Nicht zugeordnet]	Abbrechen
image	[Nicht zugeordnet]	Laden...
modelno	A Fließtext	
name	A Fett	☐ Vorschau
price	A Preis	
product	[Nicht zugeordnet]	
root	[Nicht zugeordnet]	

Nach Name zuordnen

Abb. 4.4 Tags zu Formaten zuordnen in InDesign: Nach einer einmaligen Zuweisung von Tags zu Formaten werden bei nachträglichen XML-Importen Inhalte automatisch formatiert

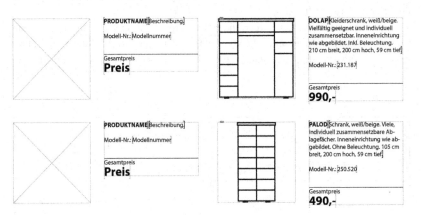

Abb. 4.5 Automatisiertes Layout mit XML-Import: Ein strukturiertes Layout vor (links) und nach (rechts) dem XML-Import

Noch effizienter ist der Einsatz von XML in Verbindung mit weiteren Systemen wie Content-Management-Systeme (CMS) oder Datenbanken, die XML-Dateiinhalte direkt ändern oder Daten als XML exportieren und so Inhalte für die weitere Verarbeitung automatisch bereitstellen können. Ebenso kann

```
<?xml version="1.0" encoding="UTF-8"?>
<!ELEMENT root (product)+>
<!ELEMENT product (details,image)>
<!ELEMENT details (name,description,modelno,price)>
<!ELEMENT image EMPTY>
<!ATTLIST image href CDATA #REQUIRED>
<!ELEMENT name (#PCDATA)>
<!ELEMENT description (#PCDATA)>
<!ELEMENT modelno (#PCDATA)>
<!ELEMENT price (#PCDATA)>
```

Abb. 4.6 DTD-Datei: Diese DTD-Datei listet alle erlaubten XML-Elemente auf und gibt die gültige Struktur vor. Die Zeile<!ELEMENT root (product)+> besagt, dass das Wurzel-Element root mindestens ein und beliebig viele product-Elemente beinhalten darf. Die Überprüfung des in Abb. 4.3 dargestellten XML-Codes resultiert mit dieser DTD-Datei ohne Fehler

der XML-Import in InDesign mithilfe weiterer Methoden, wie bspw. Skripte oder eines Common-Extensibility-Platform(CEP)-Plug-ins, vollständig automatisiert werden. So ist es möglich, den gesamten XML-Import- und -Export-Prozess vollständig zu automatisieren. Ein Anwendungsbeispiel ist im nachfolgenden Diagramm dargestellt (Abb. 4.7).

Eine weitere mit XML verwandte InDesign-Funktion ist die sogenannte InDesign Markup Language (IDML). IDML ist eine von Adobe eingeführte Auszeichnungssprache, um ganze InDesign-Dokumente im XML-Format zu

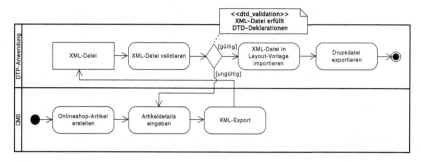

Abb. 4.7 Fallbeispiel Web-to-Print: Dieses Diagramm stellt ein beispielhaftes Web-to-Print-Szenario dar. Wird in einem Onlineshop ein neuer Artikel erstellt, erfolgt ein automatisierter XML-Export aller relevanten Produktdaten. Die XML-Dateien werden anschließend mithilfe korrespondierender DTD-Dateien auf Gültigkeit validiert und im Falle einer Gültigkeit in eine Layout-Vorlage importiert. Im letzten Schritt wird eine druckfähige Druckdatei exportiert

designmap.xml	▼ 📁 Resources	▼ 📁 Stories
▼ 📁 MasterSpreads	Fonts.xml	Story_u1aa6.xml
MasterSpread_u114.xml	Graphic.xml	Story_u1c7c.xml
MasterSpread_u2506.xml	Preferences.xml	Story_u1c66.xml
▼ 📁 META-INF	Styles.xml	Story_u1f22.xml
container.xml	▼ 📁 Spreads	▼ 📁 XML
metadata.xml	Spread_u1ef6.xml	BackingStory.xml
■ mimetype	Spread_u10b5.xml	Tags.xml

Abb. 4.8 Inhalt einer IDML-Datei

beschreiben. Eine IDML-Datei ist als Paket zu verstehen, welches u. a. mehrere XML-Dateien enthält, die einzelne Elemente des InDesign-Dokuments beschreiben (Abb. 4.8). So wäre es theoretisch möglich, ein InDesign-Dokument mit XML zu bearbeiten oder sogar zu erstellen.

Basierend auf IDML sind sogenannte Snippets im IDMS-Dateiformat. Eine Snippet ist eine XML-Datei, welches ein InDesign-Asset beschreibt. Aus InDesign exportierte Snippets können erneut in ein Dokument importiert und – im Gegensatz zu anderen Grafikformaten – bearbeitet werden. Im Rahmen der DTP-Automatisierung eignet es sich, Snippets automatisiert zu generieren, wenn ein und das selbe Assets in leicht abgewandelter Form in mehreren Layouts verwendet wird. Bspw. könnte ein Automatismus beim Generieren mehrerer Assets bzw. Snippets bestimmte Teileelemente durch Informationen füllen, die für das zugehörige Projekt relevant sind (Abb. 4.9).

Abb. 4.9 InDesign Snippets: Eine Asset-Vorlage (links) im IDMS-Dateiformat kann frei wählbare Platzhalter bzw. Wildcards enthalten, die nachträglich durch echte Daten automatisch ersetzt werden (rechts)

4.2.2 Skripte

Einige Adobe-Anwendungen – darunter InDesign, Photoshop und Illustrator – lassen sich mit Skripten in den Programmiersprachen JavaScript (JS) bzw. ExtendScript (Cross-Platform), AppleScript (Macintosh) und Visual Basic Script (VBScript) (Windows) erweitern. Aus Gründen der Plattformunabhängigkeit ist es für die Skript-Entwicklung von Vorteil, ExtendScript als Programmiersprache zu wählen, weshalb diese Lektüre lediglich auf diese Methode eingeht. Skripte können sowohl als individuelle Skriptdateien dem/der Anwender(in) zur Verfügung gestellt werden (Abb. 4.10) als auch in ein CEP-Plug-in – thematisiert in Abschn. 4.2.5 – eingebunden werden.

Es ist möglich, nahezu jede UI-Interaktion und Funktion einer unterstützten Anwendung mit Skripten abzubilden. Die möglichen Einsatzfelder erstrecken sich von der einfachen Bedienung von Menüelementen über die Generierung komplexer Grafiken auf der Zeichenfläche der DTP-Anwendung bis hin zur Durchführung von sich wiederholenden Artwork-Prozessen in der täglichen Arbeit. Ein Beispiel-Skript kann über https://link.springer.com/book/978365837 1364 auf der Seite dieses Buchs heruntergeladen werden. Das Skript generiert die in Abb. 4.11 dargestellte Visitenkarte und könnte erweitert werden um bspw. hunderte Visitenkarten automatisiert zu generieren. Die Verknüpfung zwischen eines CEP-Plug-ins und Skripten bringt zahlreiche zusätzliche Vorteile mit sich, bspw. das Beziehen von Daten aus externen Systemen, die nachträglich an Skripte zur weiteren Verarbeitung weitergegeben werden können. Eine nähere Beschreibung dieses Szenarios befindet sich in Abschn. 4.2.5.

Die in 1999 eingeführte dritte Version des European Computer Manufacturers Association Script (ECMAScript) – auch ES3 oder ECMAScript v3 – bildet die Grundlage der Adobe-Skriptsprache ExtendScript, was den Nachteil mit sich bringt, dass diese Programmiersprache auf einen veralteten ECMAScript-Standard basiert und alle seither eingeführten Neuerungen nicht unterstützt. Somit

Abb. 4.10 Skripte-Panel in InDesign

Vorname Nachname   **Unternehmen GmbH**
Position   Strasse 123
                             45678 Ort
                             Tel.: 0123 456 789-0
                             Mobil: 0123 45 67 89 00
                             E-Mail: info@xyz.org

Abb. 4.11 Generierte Visitenkarte

kennt ExtendScript bspw. keine Variablendeklaration per `let` oder `const`, keine Template Strings und keine Pfeilfunktionen.

Neben den gängigen JavaScript-Funktionen ermöglicht ExtendScript das Objektmodell der jeweiligen Adobe-Anwendung anzusprechen und so mit der Anwendung zu interagieren. In dem Code-Beispiel

```
app.activeDocument.textFrames.length;
```

wird die Anzahl (`length`) aller Textrahmen (`textFrames`) ausgegeben, die sich im aktiven Dokument (`activeDocument`) in der Anwendung (`app`) – hier InDesign – befinden.

Für die Entwicklung der Skripte eignet sich der Einsatz der Integrated Development Environment (IDE) Adobe ExtendScript Toolkit (ESTK) CC, womit nicht nur das Programmieren der Skripte ermöglicht wird, sondern auch die Ausführung und Fehlerbehebung (Debugging) der Skripte. Diese 32-Bit-Anwendung wird jedoch nicht mehr weiterentwickelt und ist mit Apples Betriebssystem macOS 10.15 Catalina und aufwärts nicht kompatibel. Als Workaround hat Adobe ein Plug-in für den Quelltexteditor Visual Studio (VS) Code veröffentlicht, das die meisten Funktionen des ESTK nachbildet. Windows unterstützt auch mit der gegenwärtig aktuellsten, elften Version die Ausführung von 32-Bit-Anwendungen.

Seit Version 4.0 hat Adobe keine Pläne, ESTK zu aktualisieren. Dies hat u. a. produktstrategische Gründe. Das Problem beim ESTK ist, dass die Anzahl der Benutzer dieser Anwendung nicht gemessen wird und somit nicht ermittelt werden kann, ob es sich aus strategischer Sicht lohnt, in ESTK langfristig zu investieren. Es ist schwierig, einen Business-Case für die Weiterentwicklung einer Anwendung mit einer unbekannten Nutzerzahl zu realisieren.

Bei Skripten, die grafische Assets in Abhängigkeit der von dem/der Anwender(in) ausgewählten Elemente aus zur Verfügung stehenden Auswahloptionen auf die Zeichenfläche generieren, ist zu berücksichtigen, dass die Abbildung aller möglichen Ergebnisse nicht auf Anhieb erfolgen kann. Diese Art von Skripten können als Generatoren bezeichnet werden. Eventuelle Softwarefehler können in solchen Fällen erst nachträglich während der Anwendung ermittelt und behoben werden. Die Anzahl der Ergebnisse, die Generatoren erzeugen können, ist dafür zu hoch, da mehrere Auswahlmöglichkeiten gegeben sind. Um die Anzahl der möglichen Ergebnisse eines Generators zu ermitteln, sind die aus der mathematischen Kombinatorik bekannten Fragen zu beantworten, ob die Reihenfolge der ausgewählten Optionen die Reihenfolge der Elemente im Ergebnis definiert (die Auswahlreihenfolge ist relevant – Variation) oder ob sie unabhängig von den ausgewählten Auswahloptionen von vornherein fest definiert ist (die Auswahlreihenfolge ist irrelevant – Kombination) und ob Optionen mehrfach oder einmalig ausgewählt werden können. Aus diesen Fragestellungen resultieren die in Abb. 4.12 dargestellten vier Formeln, mit denen die Anzahl der möglichen Ergebnisse eines Generators ermittelt werden kann. Dabei wird mit der Grundmenge n die Anzahl der zur Verfügung stehenden Optionen und mit m die Anzahl ausgewählter Elemente bezeichnet.

In Abb. 4.13 ist ein exemplarisches User Interface (UI) eines skriptgestützten Generators mit 20 verfügbaren Elementen als Auswahloption dargestellt, aus denen der/die Anwender(in) genau sechs eindeutige Elemente in beliebiger Reihenfolge auswählen soll, die nachträglich auf Platzhaltern eingesetzt werden. Die Auswahlreihenfolge des/der Anwenders(in) definiert die Reihenfolge der Ergebnisse, die das Skript generiert. Dieses Beispiel veranschaulicht einen Generator, dessen Ergebnismöglichkeiten sich nach der in Abb. 4.12 dargestellten zweiten

$$n^m \qquad \frac{n!}{(n-m)!} \qquad \binom{n+m-1}{m} \qquad \binom{n}{m}$$

Abb. 4.12 Formeln Kombinatorik: V. l. n. r.: Variation – Auswahlreihenfolge relevant, mit Wiederholung; Variation – Auswahlreihenfolge relevant, ohne Wiederholung; Kombination – Auswahlreihenfolge irrelevant, mit Wiederholung; Kombination – Auswahlreihenfolge irrelevant, ohne Wiederholung

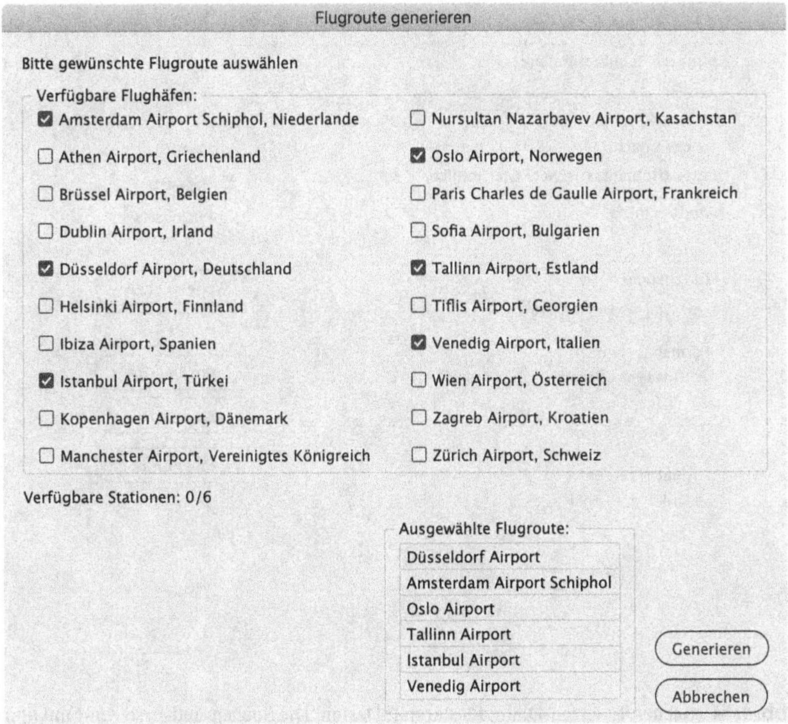

Abb. 4.13 Exemplarischer Generator

Formel v. l. berechnen lassen und der somit 27.907.200 mögliche Ergebnisse generieren kann.

4.2.3 Global Regular Expressions Print (GREP)

Eine weitere, im Rahmen der Automatisierung und Skripte häufig genutzte und umfangreiche Funktion in InDesign ist Global Regular Expression Print (GREP), die die klassische Textsuche erweitert (Abb. 4.14) und bei der mithilfe soge- nannter Wildcards gewünschte Textmuster gefunden werden können. Z. B. kann der exemplarische Text ‚12 fantastische Grafiker' auf der Zeichen- fläche von InDesign mit dem GREP-Befehl. \d+ (f|ph)antastischer?

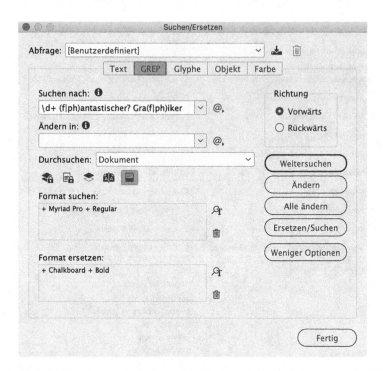

Abb. 4.14 Suchen/Ersetzen-Dialogfenster in InDesign: Die Suchen-und-Ersetzen-Funktion in InDesign unterstützt die Suche mithilfe GREP-Befehlen. Im dargestellten Beispiel wird nach einem definierten Textmuster in der Schriftart *Myriad Pro Regular* gesucht und durch *Chalkboard Bold* ersetzt

Gra(f|ph)iker gefunden werden, wobei \d+ Zahlen mit mindestens einer Ziffer und beliebiger Länge, (f|ph) den Buchstaben f oder die Buchstabenfolge ph und r? optionales r bedeutet. Das Besondere an GREP ist, dass das Suchen und Ersetzen nicht nur auf Texte angewandt werden kann sondern auch auf Formatierungen. So kann bspw. nach einem Textmuster in einer bestimmten Schriftart gesucht werden und sowohl durch einen anderen Text als auch durch eine andere Schriftart ersetzt werden. Die Suche nach Formatierungen funktioniert auch eigenständig – bspw. können alle Texte in einer bestimmten Schriftart mit einer anderen Schriftart ausgetauscht werden. GREP lässt sich ebenfalls mithilfe von Skripten ansteuern und eignet sich somit auch für den Einsatz in Vollautomatismen.

4.2.4 C++-Plug-ins

Einige Adobe-Anwendungen, darunter InDesign, Illustrator und Photoshop, bieten ein Software Development Kit (SDK) an, mit der die jeweilige Anwendung mit einem in der Programmiersprache C++ geschriebenen Plug-in erweitert werden kann. Es ist anzunehmen, dass die Entwicklung von C++-Plug-ins die schwierigste Methode ist, einen DTP-Automatismus zu realisieren. Da viele SDK-Funktionen auch mit Skripten abgebildet werden können, ist es empfehlenswert, vor der Realisierung eines DTP-Softwareprojekts zu ermitteln, welche Anwendungsfälle abgedeckt werden sollen, um so die geeignete Technologie auszuwählen.

Der wesentliche Unterschied zwischen diesen beiden Technologien liegt darin, dass Skripte bestehende Funktionen in der jeweiligen Adobe-Anwendung steuern, während mit C++-Plug-ins neue Funktionen realisiert werden können. Dies ruft gleichzeitig den Mehraufwand hervor, da ein Skript-Entwickler lediglich mit der obersten Abstraktionsebene einer Adobe-Anwendung in Berührung kommt, während das Entwickeln eines C++-Plug-ins voraussetzt, mit unteren Abstraktionsebenen zu interagieren und zahlreiche Interdependenzen zu berücksichtigen. Ein wesentlicher Vorteil von C++-Plug-ins ist Performance, da diese maschinennahe Programmiersprache schneller ausgeführt wird als eine Skriptsprache.

Unter   https://developer.adobe.com/console/servicesandapis   lassen   sich umfangreiche Dokumentationen, SDKs und Code-Beispiele finden, die essentiell für die Entwicklung von Adobe-Erweiterungen – darunter C++-Plug-ins – sind.

4.2.5 Common Extensibility Platform (CEP)

CEP ermöglicht die Entwicklung von Erweiterungen mit Hypertext Markup Language (HTML), Cascading Style Sheets (CSS) und JavaScript, die in Form eines Panels (Abb. 4.15) nahtlos in das UI der Adobe-Anwendung eingebettet, über einen Menübefehl als Modalfenster aufgerufen oder unsichtbar im Hintergrund geladen werden können. Mit der nahtlosen Einbindung eigener Erweiterungen in Adobe-Anwendungen wird eine intuitive User Experience (UX) gewährleistet. Die Macht von CEP liegt in der Unterstützung von Node.js und ExtendScript. Somit lassen sich Node.js-Module implementieren, um bspw. Datenbank-Anbindungen zu realisieren, auf das Dateisystem zuzugreifen oder Systeminformationen auszulesen, sowie Skripte an die Host-Anwendung (z. B. InDesign) zu übergeben und ausführen zu lassen (Abb. 4.17). Das Zusammenspiel

Abb. 4.15
CEP-Panel-Beispiel: Das dargestellte Beispiel stellt das Szenario dar, anhand einer Auftragsnummer relevante Projektdaten aus mehreren Datenquellen zusammenfassend anzuzeigen und auftragsbezogene Funktionen anzubieten. Dazu gehören bspw. das Ändern des Projektstatus in einem Anwendungssystem oder das Generieren von für dieses Projekt relevanten grafischen Assets. Die korrespondierende Architektur ist in Abb. 4.16 dargestellt

dieser Technologien ermöglicht die Realisierung vielfältiger Softwareprojekte im Rahmen der DTP-Automatisierung.

Die HTML-Engine von CEP basiert auf dem Chromium Embedded Framework (CEF), das das Einbetten von auf Chromium basierten Browsern in Anwendungen und nachträgliche Fehlerbehebungen (Debugging) mithilfe der Anwendung ‚CefClient' ermöglicht (Abb. 4.18). Ein CEP-Panel lässt sich demnach mit einer Webanwendung vergleichen, welches mithilfe von Entwicklertools – ähnl. Chrome DevTools – analysieren und debuggen lässt.

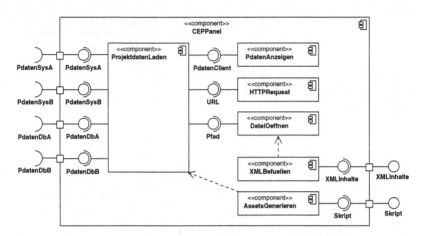

Abb. 4.16 Architektur des CEP-Panel-Beispiels: Die Projektdaten werden vom CEP-Panel aus mehreren Anwendungssystemen und Datenbanken abgerufen, strukturiert und für Folgefunktionen – u. a. Anzeigen der Auftragsdetails, Öffnen von Dateien und Links, Ausführen von Skripten und Kommunikation mit weiteren Anwendungssystemen – bereitgestellt

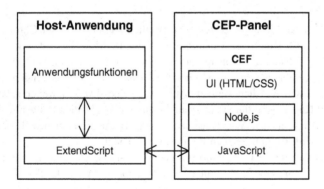

Abb. 4.17 CEP-Architektur

CEP ermöglicht weiterhin mithilfe der mitgelieferten Bibliothek Vulcan.js zwischen unterschiedlichen CEP-Panels und unterschiedlichen Adobe-Anwendungen zu kommunizieren. So ist es bspw. möglich, von einem CEP-Panel in InDesign aus ein Befehl an ein CEP-Panel in Photoshop weiterzugeben und auszuführen.

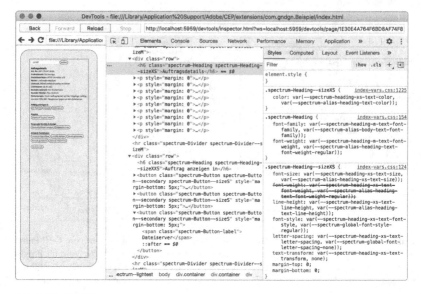

Abb. 4.18 CefClient

Einen Nachteil bringt CEP mit sich: Ähnlich wie der Browser Chrome beansprucht ein CEP-Panel viel Arbeitsspeicher bzw. RAM. Insbesondere das Öffnen mehrerer CEP-Panel ruft größere Performance-Abstriche hervor. Weiterhin ist die Methodik, Befehle als String zwischen CEP-Panel und Host-Anwendung auszutauschen, zwischenzeitlich veraltet. Aus diesen und diversen weiteren Gründen wird CEP längerfristig durch eine neue Technologie – Unified Extensibility Platform (UXP) – ersetzt. Wie lange der Übergang zu dieser neuen Technologie andauern wird, ist zum jetzigen Zeitpunkt unbekannt.

Weiterführende Dokumentationen und Code-Beispiele lassen sich auf der Github-Seite von Adobe CEP unter https://github.com/Adobe-CEP finden.

4.2.6 Unified Extensibility Platform (UXP)

Eine im Jahr 2018 eingeführte Technologie von Adobe, genannt Unified Extensibility Platform (UXP), bietet die Möglichkeit, CC-Applikationen – ähnlich wie bei CEP – basierend auf JavaScript zu erweitern. Auch die UI kann mithilfe HTML und CSS realisiert werden. Verglichen mit CEP wird zum jetzigen

Moment eine beschränkte Anzahl an HTML-Elementen und CSS-Eigenschaften unterstützt. Ebenso beschränkt ist die Anzahl der möglichen Node.js-Module, die in das UXP-Plug-in eingebunden werden können. Demnach sind aktuell nicht alle Möglichkeiten, die mit CEP ermöglicht werden, mit UXP realisierbar. Die UXP wird seit ihrer Einführung in der Anwendung Adobe XD, ein Programm zur Gestaltung von UX- und UI-Designs, und seit 2020 in Adobe Photoshop unterstützt und wird kontinuierlich weiterentwickelt. Mit dem entsprechenden UXP Developer Tool können UXP Plug-ins u. a. erstellt, importiert, verwaltet und debuggt werden.

In CEP erfolgt die Kommunikation zwischen einem Panel und einer Host-Anwendung mithilfe der Klasse `CSInterface`. Diese enthält eine Methode `evalScript`, mit der ein Skript als String von der JavaScript-Ebene auf die ExtendScript-Ebene übertragen und dort ausgeführt wird (Abb. 4.17). Dazu wird zunächst ein Objekt mit

```
let cs = new CSInterface();
```

instanziiert und bspw. mit

```
cs.evalScript("alert('Hallo InDesign!');");
```

ein String an den Host übertragen, welches das zu ausführende Skript – hier ein simples Dialogfenster – enthält. Optional kann die Methode `evalScript` das Ergebnis einer in der Host-Anwendung ausgeführten Funktion liefern:

```
cs.evalScript("meineFunktion();", function(result){
console.log(result);
});
```

Diese der Performance zur Last fallende Methode der Kommunikation zwischen Panel und Host entfällt bei der UXP-Technologie. UXP ermöglicht mithilfe jeweiliger APIs die direkte Interaktion mit einer Adobe-Anwendung, um somit Code effizienter durchführen zu können (Abb. 4.19). Somit unterstützt UXP im Gegensatz zu ExtendScript aktuelle JavaScript-Funktionen. Dies bedeutet gleichzeitig, dass ExtendScript in UXP nicht mehr verwendet werden kann, sondern das neu entwickelte Document Object Model (DOM) der jeweiligen Anwendung mithilfe der entsprechenden API angesprochen werden muss, um mit einer Host-Anwendung zu kommunizieren. Eine neue Methode `batchPlay` ermöglicht das Ausführen von Aktionen im JSON-Format, auch actionJSON genannt.

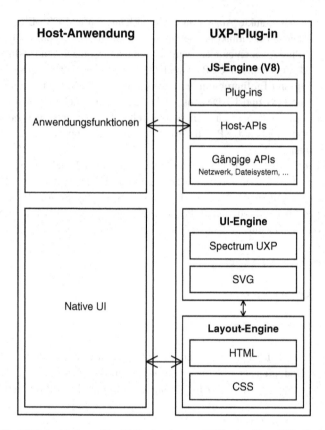

Abb. 4.19 UXP-Architektur: Die JS-Engine kann mithilfe der Host-APIs direkt mit der Host-Anwendung kommunizieren. Ebenso wird die UI vom Host gerendert, sodass ein UXP-Plug-in das Erscheinungsbild eines nativen Host-Bestandteils erhält

Diese Aktionen erreichen die Teile des Hosts, die mithilfe der API nicht bzw. noch nicht erreichbar sind. Ein geeigneter Ansatz, um sich mit actionJSON vertraut zu machen ist die Funktion, Aktionen unter *Plug-ins > Entwicklung > Befehle für Aktion aufzeichnen* aufzuzeichnen und den generierten JSON-Code näher zu inspizieren.

Außerdem werden in UXP mit HTML und CSS erstellte UI-Elemente in native UI-Elemente des jeweiligen Hosts konvertiert. Während in CEP bspw. ein HTML-Button in Photoshop so dargestellt wird, wie man sie eigenständig stilisiert hat, wird dieser in UXP als ein natives UI-Element von Photoshop dargestellt, was letztendlich zu weiteren Performance-Vorteilen führt.

Ein UXP-Plug-in-Beispiel kann über https://link.springer.com/book/978365 8371364 auf der Seite dieses Buchs heruntergeladen, in das UXP Developer Tool importiert und in Photoshop ausgeführt werden. Das Plug-in generiert ein neues Photoshop-Dokument und generiert einen Textrahmen mit dem Inhalt „HelloWorld".

In Zukunft wird UXP neben Adobe XD und Photoshop nach und nach in weiteren Adobe-Anwendungen verfügbar sein, bis diese Technologie CEP vollständig ablöst. Zeitgleich wird Adobe ebenfalls die ExtendScript-Unterstützung in der jeweiligen Anwendung beenden. Jede Anwendung durchläuft voneinander unabhängig eine eigenständige Umstellungsphase, die ein bis zwei Jahre andauern soll. Wird bspw. UXP in InDesign implementiert, kann man davon ausgehen, dass in ein bis zwei Jahren die CEP- und ExtendScript-Unterstützung in InDesign beendet sein wird. Wann welche Anwendung UXP unterstützen wird und wie lange es dauern wird, bis diese Technologie vollständig ausgereift ist, ist aktuell nicht bekannt. Dokumentationen sowie Entwicklungen rund um UXP lassen sich unter https://developer.adobe.com/apis finden.

4.2.7 Adobe InDesign Server

Für die Verarbeitung von komplexen Layoutvorlagen und die vielfache Generierung grafischer Assets, aber auch für die Erstellung ganzer Druck-Erzeugnisse wie Kataloge und Zeitschriften, eignet sich der Einsatz von Adobe InDesign Server. Diese Anwendung ist nicht in der CC-Produktfamilie enthalten, sondern kann separat von Enterprise-Kunden lizenziert werden. Aus der Adobe-Produktfamilie ist InDesign die einzige Anwendung, zu der eine Server-Variante existiert. Der entscheidende Unterschied zwischen der Server- und der Client-Variante von InDesign ist die Möglichkeit, auf einer Maschine mehrere InDesign-Instanzen gleichzeitig ausführen zu können. InDesign Server bietet keine Benutzeroberfläche an und wird lediglich über die Kommandozeile gesteuert, wodurch jegliche grafische Darstellung entfällt und somit deutlich an Ressourcen gespart wird. Darüber hinaus verfügt die Server-Variante über alle Funktionen und Technologien wie die Unterstützung für XML und Skripte und ist aus Sicht des Funktionsumfangs identisch mit der Client-Variante.

InDesign Server ist über das Netzwerkprotokoll Simple Object Access Protocol (SOAP) ansprechbar und kann über dieses Protokoll ebenso mit weiteren

Anwendungen kommunizieren. So können bspw. Daten von einer serverseitigen Middleware abgerufen sowie strukturiert und nachträglich an InDesign Server zur eigentlichen Generierung grafischer Assets weitergegeben werden. Nach der Durchführung der Automatisierungsaufgabe kann InDesign Server die clientseitige Middleware über die Erledigung unterrichten. Somit kann die Server-Middleware mit der clientseitigen DTP-Middleware kommunizieren und den/die Anwender(in) über die Finalisierung seiner Anfrage informieren (Abb. 4.20). Selbstverständlich kann InDesign Server auch eigenständig und ohne Kommunikation zwischen Client und Server eingesetzt werden. Das Thema Client-Server-Kommunikation wird in Abschn. 4.3 näher beschrieben.

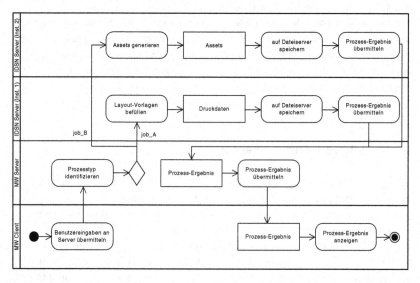

Abb. 4.20 Fallbeispiel DTP-Automatisierung mit InDesign Server: Die clienseitige Middleware *(MW Client)* kommuniziert nach einer Benutzerinteraktion mit der serverseitigen Middleware *(MW Server)*. Je nach Prozess-Typ wird entweder die erste InDesign-Server-Instanz *(job_A)* angesprochen oder die zweite *(job_B)*. Nach Abschluss des jeweiligen Prozesses trägt die Server-Middleware das Ergebnis an die Client-Middleware weiter

4.2.8   Sonstige Werkzeuge

Für einfachere Automatisierungsaufgaben stellt Adobe in ihren Anwendungen diverse Funktionen zur Verfügung. Diese richten sich vor allem an Anwender(innen) ohne Programmierkenntnisse und können mit wenig Aufwand konfiguriert und genutzt werden. Einige dieser Funktionen werden nachfolgend beschrieben.

Aktionen

Der Einsatz von sogenannten Aktionen eignet sich für kleinere Routineaufgaben im Artwork. Die Idee hinter Aktionen in Adobes CC-Anwendungen ähnelt der von Anwendungsmakros und dient dazu, manuelle Benutzerinteraktionen in einer der unterstützten Anwendungen – darunter Photoshop (Abb. 4.21) und Illustrator, jedoch nicht InDesign – aufzuzeichnen und für den späteren Gebrauch bereitzustellen. Wird eine Aktion ausgeführt, werden die einzelnen Schritte exakt wiederholt, die zuvor während der manuellen Benutzerinteraktion aufgezeichnet worden sind. Im Nachhinein können die Schritte je nach Bedarf beliebig bearbeitet und angeordnet werden. Ebenso können den Aktionen benutzerdefinierte Tastenkürzel zugewiesen werden. Zusätzlich können in Photoshop mit dem Skriptereignis-Manager – beschrieben in diesem Kapitel – Aktionen mit bestimmten Anwendungsereignissen gekoppelt werden.

Skriptereignis-Manager

Photoshop bietet mit dem Skriptereignis-Manager (Abb. 4.22) die Möglichkeit, bestimmte Ereignisse wie bspw. das Öffnen oder Erstellen von Dokumenten oder das Starten der Anwendung mit Skripten oder Aktionen zu koppeln und diese automatisch auszuführen.

Bildprozessor

Mit dem Bildprozessor in Photoshop (Abb. 4.23) können mehrere Bilddateien nacheinander bearbeitet und in diversen Wunschformaten gespeichert werden. Neben der Auswahl des Quell- und Zielpfads können weitere Einstellungen vorgenommen werden. So können bspw. Bilder auf eine bestimmte Größe skaliert, mit einer Aktion prozessiert und in einem bestimmten Dateiformat gespeichert werden.

Abb. 4.21 Aktionen-Panel in Photoshop: Die Aktion mit der Bezeichnung *Meine Aktion* besteht aus drei Schritten. Zunächst wird die aktuelle Ebene dupliziert und das Duplikat um 300 Pixel nach rechts verschoben, auf doppelte Größe skaliert und um 45 Grad im Uhrzeigersinn gedreht

4.3   Client-Server-Kommunikation

In der Theorie können alle Teilprozesse und Zwischenschritte der Automatisierung direkt auf dem Client durchgeführt werden. In der Praxis ist es jedoch empfehlenswert, einen Großteil der Prozesse serverseitig zu erledigen und auf dem Client so wenig Datenverarbeitungs- und Automatisierungsaufgaben wie möglich durchzuführen, sodass der/die Anwender(in) aus Performance-Sicht keine Abstriche machen muss. In solchen Anwendungsfällen ist innerhalb der IT-Infrastruktur der Client diejenige Instanz, die in Server ausgelagerte, komplexe

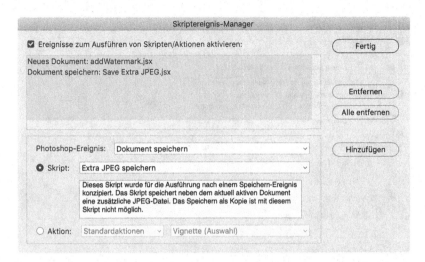

Abb. 4.22 Skriptereignis-Manager: In diesem Beispiel wird beim Erstellen eines neuen Dokuments ein benutzerdefiniertes Skript *addWatermark.jsx* und beim Speichern eines Dokuments das von Adobe mitgelieferte *Skript Save Extra JPEG.jsx* ausgeführt

Automatismen ansteuert. CPU- und GPU-lastige Aufgaben werden so auf Server-Ebene getätigt. Dies gilt insbesondere für diejenigen Prozesse, die eine hohe Rechenleistung in Anspruch nehmen, bspw. die Datenverarbeitung aus unterschiedlichen Quellen wie Datenbanken und das Generieren mehrerer grafischer Assets. Demnach ist während der Realisierung einer Softwareinfrastruktur zur DTP-Automatisierung stets der Aufwand zu hinterfragen, den ein Prozess beansprucht, um entscheiden zu können, ob dieser für den Client oder für den Server geeignet ist. Arbeiten mehrere Clients mit einer solchen Server-Lösung, ist es zudem empfehlenswert, für eingehende Automatisierungsaufgaben eine Warteschlange in Form einer serverseitigen Middleware einzusetzen, um Aufgaben nacheinander und ohne Kollision untereinander bearbeiten zu können. Ein weiterer Vorteil, den die Auslagerung von Teilprozessen auf die Server-Ebene mit sich bringt, ist die Fehlerreduzierung, da theoretisch jeder Client individuelle Fehlertypen generieren kann. Liegen Prozesse auf Server-Ebene, so findet im Falle eines Systemversagens die Fehlersuche und -behebung (Debugging) lediglich an einer Stelle statt. Dies reduziert den Aufwand für die Fehlerbehebung und die Wartung direkt am Client.

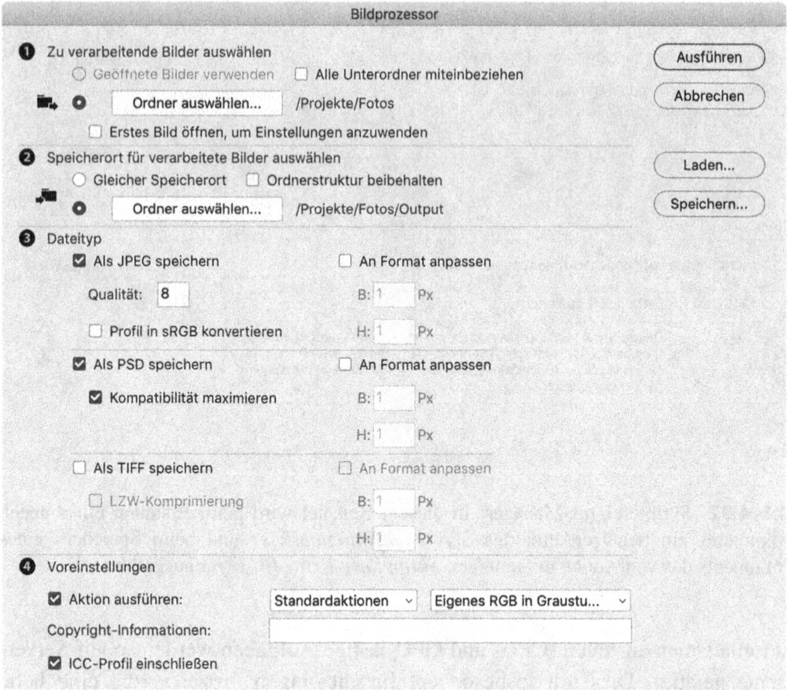

Abb. 4.23 Bildprozessor

Layouts und grafische Assets, die wiederholt verwendet werden und sich über-
wiegend vom Inhalt und weniger vom Design unterscheiden, können in Form von
Vorlagen auf einem zentralen Dateiserver für die Mehrfachverwendung bereitgestellt werden. Die Vorlagen können Platzhalter und Schlüsselwörter enthalten, die
in späteren automatisierten Artwork-Prozessen mit Echtdaten aus unterschiedlichen Datenquellen gefüllt werden. Die Befüllung des Layouts kann je nach
Komplexität entweder mithilfe einer Softwareerweiterung, bspw. eines Plug-ins,
oder mithilfe von XML-Imports – eine Methode, die eine vorherige Zuweisung von XML-Tags an Objekten und Texten voraussetzt – realisiert werden.
Der Vorteil bei diesem Vorgehen ist, dass Vorlagen auch von Nichtprogram-
mierern nachträglich und ohne Beeinträchtigung der Automatismen verändert
werden können – IT- und designrelevante Änderungen bleiben so voneinander
strikt getrennt.

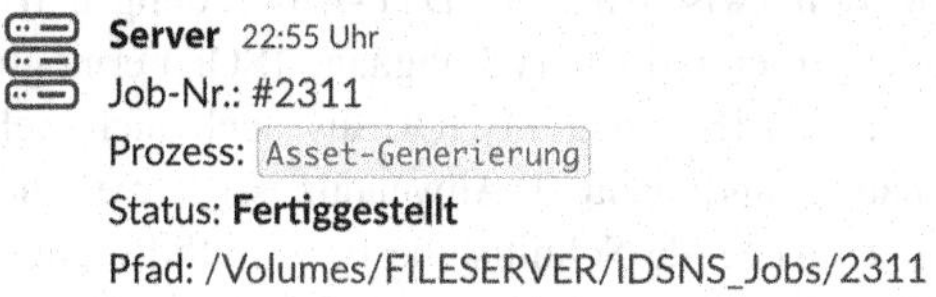

Server 22:55 Uhr

Job-Nr.: #2311

Prozess: `Asset-Generierung`

Status: **Fertiggestellt**

Pfad: /Volumes/FILESERVER/IDSNS_Jobs/2311

Abb. 4.24 Slack-Benachrichtigung über serverseitige Ereignisse: Kollaborationsanwendungen wie Slack können dazu genutzt werden, um den/die Anwender(in) über serverseitige Prozess-Status zu informieren

In einigen Fällen kann es notwendig sein, dass der/die Anwender(in) über den Status eines serverseitig automatisierten Vorgangs nach Durchführung des Prozesses benachrichtigt werden muss. Dazu ist eine Verknüpfung zwischen der serverseitigen Middleware und einem Messaging-Dienst, der die Nachrichten versenden soll, erforderlich. Die Server-Client-Kommunikation kann sowohl über eine eigens entwickelte Node.js-Anwendung als auch über Kollaborationsanwendungen wie Slack (Abb. 4.24) oder Microsoft Teams realisiert werden.

Serverseitige Automatismen, die vonseiten des/der Anwenders(in) softwarebasiert ausgelöst werden sollen, können in Form einer Middleware bereitgestellt werden. Hierbei sind das UI und die UX der Softwarelösung abzuwägen, um dem/der Anwender(in) eine möglichst intuitive Möglichkeit anzubieten, diese Automatismen zu bedienen. Die Anzahl der Benutzerabfragen innerhalb der Softwarelösung ist auf das notwendigste Minimum zu reduzieren. Die Middleware kann sowohl in Form einer nativen macOS- oder Windows-Anwendung – bspw. mithilfe des Frameworks Electron – als auch in Form einer in die DTP-Anwendung integrierten Erweiterung realisiert werden. Für Adobe-Anwendungen eignet sich hierbei der Einsatz der in Abschn. 4.2 beschriebenen Adobe-Technologien, z. B. CEP. So ist es bspw. möglich, dem/der Anwender(in) ein Adobe-Panel anzubieten, womit die einzelnen automatisierten Artwork-Prozesse durchgeführt werden können. Somit ist ein Wechsel in eine andere Anwendung für die Steuerung der Automatismen nicht nötig.

4.4   Datenbanken und Anwendungssysteme

Für die Erstellung von Inhalten im Rahmen des DTP können Daten nicht nur von einer einzigen Datenquelle bezogen werden, sondern auch von diversen weiteren Quellen geliefert werden. Dazu gehören Datenbankmanagementsysteme (DBMS), die die Kommunikation zwischen einer DTP-Anwendung und einer Datenbank mithilfe der Sprache Structured Query Language (SQL) ermöglichen. Dazu zählen sowohl relationale DBMS wie MySQL als auch nicht relationale DBMS, auch NoSQL genannt, und weitere Anwendungssysteme, die den Datenaustausch über eine entsprechende Schnittstelle bzw. mithilfe eines entsprechenden Representational State Transfer-Application Programming Interface (REST-API) ermöglichen. Auch CMS können als Datenlieferanten eingesetzt werden. Die Verknüpfung zwischen diesen Datenquellen und den Layouts kann durch eine Middleware oder ein Plug-in innerhalb der DTP-Anwendung – zuvor dargestellt in Abb. 4.16 – hergestellt werden. Diese Middleware kann zunächst Daten aus den Quellen auslesen und nachträglich in entsprechende Platzhalter in Layoutvorlagen einsetzen.

Kommen im Rahmen der DTP-Automatisierung mehrere Datenquellen zum Einsatz, kann der Extract-Transform-Load(ETL)-Prozess in Betracht gezogen werden (Abb. 4.25). Der ETL-Prozess konsolidiert multiple Datenquellen zu einer

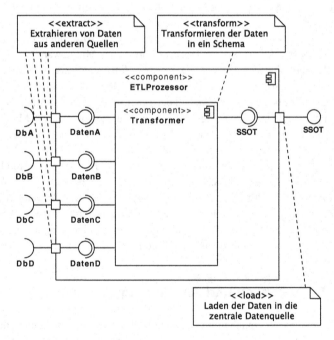

Abb. 4.25 ETL-Prozess

Quelle und besteht aus den drei Teilprozessen des Extrahierens von Daten aus einer fremden Datenquelle (Extract), des Transformierens dieser Daten in ein vordefiniertes Schema (Transform) und des Ladens in die zentrale Datenquelle (Load). Mit einer zunehmenden Anzahl neuer IT-Systeme steigt auch die Anzahl der Datenquellen und somit das Potenzial für die Entstehung zahlreicher Datenredundanzen und -duplikate. Der ETL-Prozess beugt nicht nur der Entstehung dieser überflüssigen Daten vor, sondern stellt eine performante, zentralisierte Datenquelle – eine ‚Single Source of Truth' (SSOT) – zur Verfügung. Unter den drei ETL-Teilprozessen beansprucht der Transformationsprozess den meisten Aufwand. Dies liegt unter anderem daran, dass wenn in diesem Prozess ein Fehler auftritt, die Transformationsregeln angepasst werden müssen und der gesamte Transformationsprozess wiederholt werden muss. Realisiert werden können ETL-Prozesse sowohl mit eigenständig entwickelten Softwarelösungen als auch mit im Markt verfügbaren Systemen wie Talend Data Integration (TDI), Pentaho Data Integration (PDI), Informatica Data Integration (IDI) oder Microsoft SQL Server Integration Services (SSIS).

Alle Anwender-Middleware-Interaktionen bzw. die Softwareaktivität, dazu zählen von dem/der Anwender(in) manuell eingegebene Daten und durch Buttons getätigte Asset-Generierungen, können in einer Datenbank in Form von Protokollen bzw. Logs festgehalten und später sowohl zum Zweck der Softwareoptimierung als auch für statistische Zwecke analysiert und verwendet werden. Je nach Anzahl der Anwender(inne)n und den Anwendungsfällen kann sich so eine große Datenmenge zu Big Data formen. Für die weitere Optimierung der Automatismen spielen insbesondere die von dem/der Anwender(in) manuell eingegebenen Daten eine wesentliche Rolle. Diese Benutzererfahrung kann deutlich dazu beitragen, RPA-Automatismen zur nächsten Stufe – den CPA-Automatismen – zu entwickeln. Entdecken Entwickler ein bestimmtes Muster innerhalb der Protokolle, so kann dieses Muster als eine neue Automatisierungsregel definiert werden. Ein Anwendungsfall, der ursprünglich eine manuelle Interaktion vonseiten des/der Anwenders(in) erfordert, kann so vollständig automatisiert werden. Schrittweise können auf diese Weise insbesondere Teilautomatismen, d. h. Automatismen, die einer menschlichen Eingabe bedürfen, zu einem eigenständig funktionierenden Vollautomatismus weiterentwickelt werden. Anders ausgedrückt: Gelingt es Automatismen nicht, bei bestimmten Vorgängen eigenständig Entscheidungen zu treffen (wenn bspw. zu einer Problemstellung mehrere mögliche Vorgehensweisen gegeben sind), so kann der/die Anwender(in) diese Fälle lösen. Auf diese Weise lernen Automatismen zeitgleich, wie sie bei einem Wiederholungsfall vorzugehen haben. Schrittweise kommen Automatismen so mit einer zunehmenden Anzahl von Fällen zurecht und nähern sich den vollständig eigenständigen Entscheidungsfindungen bei Problemen, dem CPA.

4.5   Anbindung an Prozessmanagement-Anwendungen

Anwendungen zur Automatisierung können nicht nur von Nutzern, sondern auch von anderen Anwendungen ausgelöst werden. Geeignete Anwendungstypen zum Steuern und Auslösen von Automatismen sind Anwendungen für das Prozessmanagement – auch Business Process Management (BPM) oder Geschäftsprozessmanagement (GPM) – wie bspw. monday.com, Wrike, Process Street oder Jira. Hierbei kann ein Statuswechsel eines Arbeitsablaufs gleichzeitig als Auslöser bzw. Trigger eines Automatismus definiert werden. Ein exemplarischer Geschäftsprozess mit einem integrierten Automatismus ist in Abb. 4.26 dargestellt. Um einen Status mit einem Automatismus zu koppeln ist eine Kommunikation zwischen der jeweiligen BPM-Anwendung und dem Automatismus notwendig, bspw. über Webhooks. Dies eignet sich insbesondere für die automatisierten Artwork-Prozesse, die einen hohen Zeitaufwand haben, bspw. die Generierung hunderter grafischer Assets, die auf ein spezifisches Projekt zugeschnitten sind und über Nacht durchgeführt werden kann. Ebenso entfällt bei einem solchen Vorgang die Interaktion zwischen dem/der Anwender(in) und Automatismus – der automatisierte Prozess findet im Hintergrund statt, ohne dass der/die Anwender(in) diesen wahrnimmt.

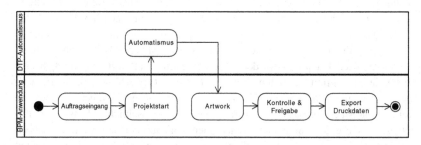

Abb. 4.26 Beispiel-Geschäftsprozess: In diesem Beispiel ist ein Automatismus in einen Geschäftsprozess integriert und wird durch einen bestimmten Statuswechsel – hier *Projektstart* – ausgelöst. Nach Durchführung des Automatismus – bspw. die Generierung umfangreicher Assets – wird der Status auf *Artwork* gesetzt

Was Sie aus diesem *essential* mitnehmen können

- Die Automatisierung tangiert heute sowohl nahezu alle Branchen der Wirtschaft als auch profane Bereiche des alltäglichen Lebens.
- Mitarbeiter sollten in den Veränderungsprozess einbezogen werden, um die Angst vor Veränderungen zu reduzieren und die Motivation der Mitarbeiter zu erhöhen.
- Die Spanne der Automatisierungsmöglichkeiten im DTP reicht von kleinen Hilfsmitteln wie in DTP-Software eingebundene Skripte bis hin zu komplexen Softwareinfrastrukturen.
- Adobe bietet diverse Funktionen und Technologien an – darunter die XML-Unterstützung, Skripte, GREP in InDesign, C++-Plug-ins, CEP und UXP –, um DTP-Automatismen zu realisieren.

Literatur

Alle hier aufgeführten URLs wurden im Dezember 2021 auf Erreichbarkeit geprüft.

Bücher und Zeitschriften

A & C Black Publishers Ltd. (2006). *Dictionary of publishing and printing* (3. Aufl.). A&C Black Business Information and Development.

Abolhassan, F., & Kellermann, J. (2016). Effizienz durch Automatisierung. *Springer Gabler.* https://doi.org/10.1007/978-3-658-10644-7

Aichele, C., & Schönberger, M. (2014). App4U. *Springer Vieweg.* https://doi.org/10.1007/978-3-8348-2436-3

Arntz, M., Gregory, T., & Zierahn, U. (2020). Digitalisierung und die Zukunft der Arbeit. *Wirtschaftsdienst, 100*(S1), 41–47. https://doi.org/10.1007/s10273-020-2614-6

Baeseler, F., & Heck, B. (1987). *Desktop publishing.* McGraw-Hill Book Company.

Barranca, D. (2017). *Adobe photoshop HTML panels development.* Leanpub. https://www.htmlpanelsbook.com.

Barranca, D. (2021). *Adobe UXP plugins development with react JS.* Davide Barranca. https://www.ps-scripting.com/uxp-react.html.

Barton, T., Müller, C., & Seel, C. (2017). Geschäftsprozesse. *Springer Vieweg.* https://doi.org/10.1007/978-3-658-17297-8

Barton, T., Müller, C., & Seel, C. (2018). Digitalisierung in Unternehmen. *Springer Vieweg.* https://doi.org/10.1007/978-3-658-22773-9

Böhringer, J., Bühler, P., Schlaich, P., & Sinner, D. (2014a). *Kompendium der Mediengestaltung: Band 1* (6., vollständig überarbeitete und erweiterte Aufl.). Springer. https://doi.org/10.1007/978-3-642-54581-8.

Böhringer, J., Bühler, P., Schlaich, P., & Sinner, D. (2014b). *Kompendium der Mediengestaltung: Band 3* (6., vollständig überarbeitete und erweiterte Aufl.). Springer. https://doi.org/10.1007/978-3-642-54579-5.

Bowman, J. P., & Renshaw, D. A. (1989). Desktop publishing: Things gutenberg never taught you. *Journal of Business Communication, 26*(1), 57–77. https://doi.org/10.1177/002194368902600105

Brettschneider, J. (2020). Bewertung der Einsatzpotenziale und Risiken von Robotic Process Automation. *HMD Praxis der Wirtschaftsinformatik, 57*(6), 1097–1110. https://doi.org/ 10.1365/s40702-020-00621-y

Bruhn, M., & Hadwich, K. (2020). Automatisierung und Personalisierung von Dienstleistungen: Band 1. *Springer Gabler.* https://doi.org/10.1007/978-3-658-30166-8

Buchkremer, R., Heupel, T., & Koch, O. (2020). Künstliche Intelligenz in Wirtschaft & Gesellschaft: Auswirkungen, Herausforderungen & Handlungsempfehlungen (FOM-Edition). *Springer Gabler.* https://doi.org/10.1007/978-3-658-29550-9

Buxbaum, H. J. (2020). Mensch-Roboter-Kollaboration. *Springer Gabler.* https://doi.org/10. 1007/978-3-658-28307-0

Cleary, N. (2003). Why buy: Creative suite. *Printing World, 284*(6), 21–22. http://search. ebscohost.com/login.aspx?direct=true&db=edsgbe&AN=edsgcl.110288650&lang=de& site=eds-live&scope=site.

Collier, D., & Cotton, B. (1989). *Designing for desktop publishing.* Headline Book Publishing.

Coppieters, K. (2009). *Adobe InDesign CS3/CS4 SDK programming.* Rorohiko Ltd.

Crocker, S., & Walden, D. (2019). Paul Brainerd, Aldus corporation, and the desktop publishing revolution. *IEEE Annals of the History of Computing, 41*(3), 35–41. https://doi.org/ 10.1109/mahc.2019.2920174

Czarnecki, C., Bensberg, F., & Auth, G. (2019). Die Rolle von Softwarerobotern für die zukünftige Arbeitswelt. *HMD Praxis der Wirtschaftsinformatik, 56*(4), 797. https://doi. org/10.1365/s40702-019-00548-z

Donick, M. (2020). Nutzerverhalten verstehen – Softwarenutzen optimieren: Kommunikationsanalyse bei der Softwareentwicklung. *Springer Vieweg.* https://doi.org/10.1007/978-3-658-28963-8

Doppler, K., & Lauterburg, C. (2014). *Change management* (13., aktualisierte und erweiterte Aufl.). Campus. http://search.ebscohost.com/login.aspx?direct=true&db=nlebk& AN=955621&lang=de&site=eds-live&scope=site.

Eggert, M., & Moulen, T. (2020). Selektion von Geschäftsprozessen zur Anwendung von Robotic Process Automation am Beispiel einer Versicherung. *HMD Praxis der Wirtschaftsinformatik, 57*(6), 1150–1162. https://doi.org/10.1365/s40702-020-00665-0

Eirich, D. (1990). *Desk top publishing.* Heyne.

Erner, M. (2018). *Management 4.0 – Unternehmensführung im digitalen Zeitalter.* Springer Gabler. https://doi.org/10.1007/978-3-662-57963-3.

Fasel, D., & Meier, A. (2016). Big data. *Springer Vieweg.* https://doi.org/10.1007/978-3-658-11589-0

Fellenz, G. (2015). *InDesign automatisieren: Keine Angst vor Skripting, GREP & Co.* (2., aktualisierte und erweiterte Aufl.). dpunkt.verlag.

Flasche, U., & Posada-Medrano, G. D. (1987). *Das Desktop Publishing Handbuch.* Vieweg & Sohn Verlagsgesellschaft. https://doi.org/10.1007/978-3-322-84003-5

Franken, S. (2019). *Verhaltensorientierte Führung* (4., vollständig überarbeitete Aufl.). Springer Gabler. https://doi.org/10.1007/978-3-658-25270-0.

Gamble, G. (2011). *InDesign CS5 automation using XML & JavaScript.* Grant Gamble.

Großklaus, R. H. G. (2015). *Positionierung und USP* (2., überarbeitete Aufl.). Springer Gabler. https://doi.org/10.1007/978-3-658-04588-3.

Heinrich, B., Linke, P., & Glöckler, M. (2017). *Grundlagen Automatisierung* (2., überarbeitete und erweiterte Aufl.). Springer Vieweg. https://doi.org/10.1007/978-3-658-175 82-5.

Hierzer, R. (2020). *Prozessoptimierung 4.0* (2. Aufl.). Haufe. http://search.ebscohost.com/login.aspx?direct=true&db=nlebk&AN=2574646&lang=de&site=eds-live&scope=site.

Hopkins, S. W. (2009). *Automating Adobe InDesign CS4 with ExtendScript*. Shirley W. Hopkins.

Hoskins, D. J. (2013). *XML and InDesign*. O'Reilly.

Kahrel, P. (2019a). *GREP in InDesign: An InDesignSecrets Guide* (3. Aufl.). CreativePro Network.

Kahrel, P. (2019b). *JavaScript for InDesign* (2. Aufl.). CreativePro Network.

Kharchenko, A., Kleinschmidt, T., & Karla, J. (2018). Callcenter 4.0 – Wie verändern Spracherkennung, Künstliche Intelligenz und Robotic Process Automation die bisherigen Geschäftsmodelle von Callcentern. *HMD Praxis der Wirtschaftsinformatik, 55*(2), 383–397. https://doi.org/10.1365/s40702-018-0405-y.

Kohl, H., Knothe, T., Schallock, B., & Scholz, J. A. (2019). „Keine Angst vor Industrie 4.0!" Vier Maßnahmen zur Vorbereitung von Unternehmen auf die neuen Anforderungen menschlicher Arbeit in der Industrie 4.0. *Industrie Management, 6*, 37–41. https://www.wiso-net.de/document/IM__087b51c4176d9bfc4806fb0c02a70b1e4cdc49ec.

Kohn, W., & Öztürk, R. (2018). *Mathematik für Ökonomen* (4., überarbeitete und ergänzte Aufl.). Springer Gabler. https://doi.org/10.1007/978-3-662-57467-6.

Konradin Business GmbH. (2019). Digitale Assistenten erleichtern den Alltag. *BA Beschaffung aktuell, 11*, 28. https://www.wiso-net.de/document/BA__66ab1477e63a1c1308346 80454a7a109a4598ebb.

Kynast, F., & Kleinert, H. (1988). *Gestalten lernen mit Desktop Publishing*. Gabler.

Lorbeer, K. (2017). Die Zukunft der Automatisierung. *Computerwelt, 20*. https://www.wiso-net.de/document/CWT__b38ee59aef26e5f48b30e378bb845aa2ad2dfd22.

Lumgair, C. (2003). *Desktop publishing (Teach Yourself Business & Professional)*. Hodder Arnold.

Maivald, J. J., & Palmer, C. (2007). *A designer's guide to Adobe Indesign and XML: Harness the power of XML to automate your print and web workflows*. Adobe Press.

McDonald, A. B. (2003). New products: Adobe gets creative. *PCWorld, 21*(12), 78–79. http://search.ebscohost.com/login.aspx?direct=true&db=buh&AN=11349260&lang=de&site=eds-live&scope=site.

Mhon, G. G. W., & Kham, N. S. M. (2020). ETL preprocessing with multiple data sources for academic data analysis. *2020 IEEE Conference on Computer Applications (ICCA)*. https://doi.org/10.1109/icca49400.2020.9022824.

Mitchell, S. (1999). Mastering desktop publishing. *Macmillan Publishers*. https://doi.org/10.1007/978-1-349-14597-3

Osuna, E., Rodríguez, L.-F., Gutierrez-Garcia, J. O., & Castro, L. A. (2020). Development of computational models of emotions: A software engineering perspective. *Cognitive Systems Research, 60*, 1–19. https://doi.org/10.1016/j.cogsys.2019.11.001

Pan, B., Zhang, G., & Qin, X. (2018). Design and realization of an ETL method in business intelligence project. *2018 IEEE 3rd International Conference on Cloud Computing and Big Data Analysis (ICCCBDA)*, 275–279. https://doi.org/10.1109/icccbda.2018.8386526.

Peters, J. (1988). *Desktop publishing was bringt's wirklich?: Analysen*. Gabler. https://doi. org/10.1007/978-3-663-13576-0

Pfiffner, P. (2002). *Inside the publishing revolution: The Adobe story*. Adobe Press.

Pires, J. N. (2000). Object-oriented and distributed programming of robotic and automation equipment. *Industrial Robot: An International Journal, 27*(4), 279–287. https://doi.org/ 10.1108/01439910010372109

Ralston, R. (2007). *The Designer's Apprentice: Automating Photoshop, Illustrator, and InDesign in Adobe Creative Suite 3*. Adobe Press.

Reinheimer, S. (2017). *Industrie 4.0*. Springer Vieweg. https://doi.org/10.1007/978-3-658-18165-9.

Rodríguez, L.-F., & Ramos, F. (2012). Computational models of emotions for autonomous agents: Major challenges. *Artificial Intelligence Review, 43*(3), 437–465. https://doi.org/ 10.1007/s10462-012-9380-9

Schauer-Bieche, F. (2019). Der Content-Coach. *Springer Fachmedien*. https://doi.org/10. 1007/978-3-658-26655-4

Scheer, A. W. (2019). *Unternehmung 4.0* (3. Aufl.). Springer Vieweg. https://doi.org/10. 1007/978-3-658-27694-2.

Scheppler, B., & Weber, C. (2020). Robotic process automation. *Informatik Spektrum, 43*(2), 152–156. https://doi.org/10.1007/s00287-020-01263-6

Scott, G., & Tranberry, J. (2012). *Power*. Focal Press.

Sivri, S. D., & Krallmann, H. (2016). Soziotechnische Betrachtung der Digitalisierung. *technologie & management, 65*(3), 12–15. http://search.ebscohost.com/login.aspx?direct= true&db=egs&AN=118054726&lang=de&site=eds-live&scope=site.

Skolka, T. (2019). Robotic process automation: Modeerscheinung oder sinnvolle technologie? *Zeitschrift für das gesamte Kreditwesen, 72*(12), 601–606. https://www.wiso-net.de/ document/ZFGK__55dfd89e8e4bdffb61f531f2ec412f0513ab7de3.

Souibgui, M., Atigui, F., Zammali, S., Cherfi, S., & Yahia, S. B. (2019). Data quality in ETL process: A preliminary study. *Procedia Computer Science, 159*, 676–687. https://doi.org/ 10.1016/j.procs.2019.09.223

Stich, V., Schumann, J. H., Beverungen, D., Gudergan, G., & Jussen, P. (2019). Digitale Dienstleistungsinnovationen. *Springer Vieweg*. https://doi.org/10.1007/978-3-662-59517-6

Tewes, C., & Niestroj, B. (2020). Geschäftsmodelle in die Zukunft denken. *Springer Gabler*. https://doi.org/10.1007/978-3-658-27214-2

Tute, E., & Steiner, J. (2018). Modeling of ETL-processes and processed information in clinical data warehousing. *Studies in health technology and informatics, 248*, 204–211. https:// doi.org/10.3233/978-1-61499-858-7-204

Ullah, R., & Witt, M. (2018). *Praxishandbuch Recruiting* (2. Aufl.). Schäffer-Poeschel. http://search.ebscohost.com/login.aspx?direct=true&db=nlebk&AN=1858810&lang= de&site=eds-live&scope=site.

Walden, D. (2019). Studying the histories of computerizing publishing and desktop publishing, 2017–2019. *TUGboat, 40*(3), 217–228. https://www.walden-family.com/texland/ tb126walden-history.pdf.

Walter, S., & Schweiger, G. (2007). *Die Rolle der Werbeagentur im Markenführungsprozess*. Deutscher Universitätsverlag. http://search.ebscohost.com/login.aspx?direct=true& db=edsebk&AN=423001&lang=de&site=eds-live&scope=site.

Wolan, M. (2020). Next generation digital transformation. *Springer Gabler*. https://doi.org/ 10.1007/978-3-658-24935-9

Zander, H. J. (2015). Steuerung ereignisdiskreter Prozesse. *Springer Vieweg*. https://doi.org/ 10.1007/978-3-658-01382-0

Berichte

MarketLine. (2014, Juni). *MarketLine Case Study: Adobe Systems Incorporated – On Creative Cloud Nine*. http://search.ebscohost.com/login.aspx?direct=true&db=buh&AN=971 69926&lang=de&site=eds-live&scope=site.

Internetquellen

Adobe. (o. D.a). *Adobe & packaging – An environmental case study of the creative suite family*. https://www.adobe.com/content/dam/cc/en/corporate-responsibility/ pdfs/mitigation-of-environmental-impacts-of-products.pdf.

Adobe. (2012a). *Adobe InDesign Markup Language (IDML) cookbook*. Adobe. https://www images.adobe.com/content/dam/acom/en/devnet/indesign/sdk/cs6/idml/idml-cookbook. pdf.

Adobe. (2012b). *Getting started with Adobe InDesign CS6 plug-in development*. Adobe. https://www.adobe.com/content/dam/acom/en/devnet/indesign/sdk/cs6/plugin/getting-started.pdf.

Adobe. (2012c). *Introduction to Adobe InDesign CS6 server development*. Adobe. https:// www.adobe.com/content/dam/acom/en/devnet/indesign/sdk/cs6/server/intro-to-ind esign-server.pdf.

Adobe. (2020). *MAX Sneaks 2020 – Ein Festival der Kreativität und Innovation*. Adobe Creative Connection. https://blog.adobe.com/de/publish/2020/10/22/2020-10-adobe-max-2020-sneaks-kreativitaet-innovation.

Adobe. (2022a). *Adobe illustrator 2022a programmer's guide*. Adobe Developer Console. https://www.adobe.io/console/servicesandapis.

Adobe. (2022b). *Getting started with Adobe illustrator 2022b development*. Adobe Developer Console. https://www.adobe.io/console/servicesandapis.

Aksu, M. (2017). *Drei smarte Wege, InDesign-Vorlagen für dein Business zu nutzen*. kreativcode.com. https://kreativcode.com/indesign-vorlagen.

BearingPoint. (o. D.). *Cognitive Automation (CA)*. https://www.bearingpoint.com/de-de/hot-topics/cognitive-automation-ca.

Business Wire. (2018). *Adobe cloud platform innovation showcased at summit*. Business Wire. https://www.businesswire.com/news/home/20180327005529/en.

Consulting Fachmagazin. (2018). *Automatisierung: So verändert sich die Wirtschaft*. Consulting Fachmagazin. https://www.consulting.de/wissen-beitraege/automatisierung-so-veraendert-sich-die-wirtschaft.

Design Made in Germany. (2020). *Wie Künstliche Intelligenz die Industrie des Grafikdesigns verändert*. Design Made in Germany. https://www.designmadeingermany.de/weblog/kue nstliche-intelligenz-grafikdesign.

Duden. (2018). *Automat*. Duden online. https://www.duden.de/node/11663/revision/11690.

Etherington, D. (2019). *Adobe Photoshop arrives on the iPad*. TechCrunch. https://techcr unch.com/2019/11/04/adobe-photoshop-arrives-on-the-ipad.

Finnegan, E. (2019). *A case study on arranger: Making the leap from CEP to UXP*. Medium. https://medium.com/adobetech/a-case-study-on-arranger-making-the-leap-from-cep-to-uxp-c64227b6ea74.

Fuchs, A. (2020). *Announcing UXP in photoshop*. Medium. https://medium.com/adobetech/announcing-uxp-in-photoshop-288496ab5e3e.

Hall, A. (2014). *CEP 5 Super mega guide: Extending Adobe apps with HTML5+Node.js*. Andy Hall. https://fenomas.com/2014/08/cep-mega-guide-en.

Keizer, G. (2021). *What enterprise needs to know about Windows 11*. Computerworld. https://www.computerworld.com/article/3623268/what-enterprise-needs-to-know-about-windows-11.html.

Kroker, M. (2020). *Die Smartphone-Trends 2020: Zahl der Nutzer wächst um 300 Millionen auf 3,5 Milliarden*. WirtschaftsWoche. https://blog.wiwo.de/look-at-it/2020/05/13/die-smartphone-trends-2020-zahl-der-nutzer-waechst-um-300-millionen-auf-35-milliarden.

Kuhn, P., & Seibel, K. (2018). *Automatisierung: So hart wird die Zukunft in der Arbeitswelt*. WELT. https://www.welt.de/wirtschaft/article181553478/Automatisierung-So-hart-wird-die-Zukunft-in-der-Arbeitswelt.html.

Mahn, J. (2019). *InDesign-Vorlagen automatisch mit Inhalt füllen*. heise online. https://www.heise.de/ratgeber/InDesign-Vorlagen-automatisch-mit-Inhalt-fuellen-4548945.html.

Neely, A. (2020). *Adobe Illustrator arriving on the iPad on October 21*. AppleInsider. https://appleinsider.com/articles/20/09/15/adobe-illustrator-arriving-on-the-ipad-on-october-21.

Oracle. (o. D.). *Was ist ein digitaler Assistent?* Oracle Deutschland. https://www.oracle.com/de/chatbots/what-is-a-digital-assistant.

Ostrowicz , S. (o. D.). *Next Generation Process Automation*. Horváth & Partners Management Consultants. https://staging.horvath-partners.com/en/media-center/studies/next-generation-process-automation.

Ostrowicz , S. (2018). *Next Generation Process Automation: Integrierte Prozessautomation im Zeitalter der Digitalisierung*. Horváth & Partners Management Consultants. https://success.horvath-partners.com/art_resource.php?sid=1o18m.2ls8fgl&form_EVENTTI TLE=StudyreportNextGenerationProcessAutomation.

Panetta, K. (2020). *Gartner top strategic technology trends for 2021*. Gartner. https://www.gartner.com/smarterwithgartner/gartner-top-strategic-technology-trends-for-2021.

Petereit, D. (2021). *Kein Download, keine App: Adobe bringt Photoshop und Illustrator ins Web*. t3n. https://t3n.de/news/kein-download-keine-app-adobe-1420436.

Petereit, D. (2020). *Update: Adobe Photoshop verbessert KI-Freistellung massiv*. t3n Magazin. https://t3n.de/news/update-adobe-photoshop-massiv-1291567.

photoscala. (2019). *Adobe „Sneaks" gewähren Einblick in die Zukunft von Photoshop & Co*. photoscala. https://www.photoscala.de/2019/11/27/adobe-sneaks-gewaehren-einblick-in-die-zukunft-von-photoshop-co.

Piper, D. (2021). *5 unbelievable tech sneaks from Adobe Max 2021*. Creative Bloq. https://www.creativebloq.com/news/adobe-max-sneaks-2021.

Safar, M. (o. D.). *Cognitive Process Automation verbindet RPA mit künstlicher Intelligenz*. Weissenberg Solutions. https://weissenberg-group.de/was-ist-cognitive-process-aut omation.

Scott, J. (2017). *MacOS System 7.0.1 Compilation*. Internet Archive. https://archive.org/det ails/mac_MacOS_7.0.1_compilation.

Shotts, K. (2019a). *ESTK and macOS 10.15 Catalina*. Medium. https://medium.com/adobet ech/estk-and-macos-10-15-catalina-cbcc30300918.

Shotts, K. (2019b). *ExtendScript Debugger for Visual Studio Code Public Release*. Medium. https://medium.com/adobetech/extendscript-debugger-for-visual-studio-code-public-rel ease-a2ff6161fa01.

Smith, C. (2021). *What is InDesign*. American Graphics Institute. https://www.agitraining. com/adobe/indesign/classes/what-is-indesign.

Wendel, M. (2020). *Die 5 beliebtesten Sprachassistenten im Überblick*. Home & Smart. https://www.homeandsmart.de/smart-home-sprachassistenten.

Printed in the United States
by Baker & Taylor Publisher Services

essentials

essentials liefern aktuelles Wissen in konzentrierter Form. Die Essenz dessen, worauf es als „State-of-the-Art" in der gegenwärtigen Fachdiskussion oder in der Praxis ankommt. *essentials* informieren schnell, unkompliziert und verständlich

- als Einführung in ein aktuelles Thema aus Ihrem Fachgebiet
- als Einstieg in ein für Sie noch unbekanntes Themenfeld
- als Einblick, um zum Thema mitreden zu können

Die Bücher in elektronischer und gedruckter Form bringen das Fachwissen von Springerautor*innen kompakt zur Darstellung. Sie sind besonders für die Nutzung als eBook auf Tablet-PCs, eBook-Readern und Smartphones geeignet. *essentials* sind Wissensbausteine aus den Wirtschafts-, Sozial- und Geisteswissenschaften, aus Technik und Naturwissenschaften sowie aus Medizin, Psychologie und Gesundheitsberufen. Von renommierten Autor*innen aller Springer-Verlagsmarken.

Weitere Bände in der Reihe https://link.springer.com/bookseries/13088

Stefan Georg

Möglichkeiten zur E-Learning-gestützten Lehre

Anwendung am Beispiel des Fachs Kostenrechnung

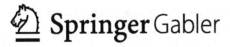

Stefan Georg
Quierschied, Deutschland

ISSN 2197-6708 ISSN 2197-6716 (electronic)
essentials
ISBN 978-3-658-36820-3 ISBN 978-3-658-36821-0 (eBook)
https://doi.org/10.1007/978-3-658-36821-0

Die Deutsche Nationalbibliothek verzeichnet diese Publikation in der Deutschen Nationalbibliografie; detaillierte bibliografische Daten sind im Internet über http://dnb.d-nb.de abrufbar.

Planung/Lektorat: Vivien Bender
Springer Gabler ist ein Imprint der eingetragenen Gesellschaft Springer Fachmedien Wiesbaden GmbH und ist ein Teil von Springer Nature.
Die Anschrift der Gesellschaft ist: Abraham-Lincoln-Str. 46, 65189 Wiesbaden, Germany

Was Sie in diesem *essential* finden können

- Gliederung von Lehrveranstaltungen mittels Roadmaps
- Einsatz von selbsterstellten Lernvideos in der Lehre
- Nutzungsmöglichkeiten von Übungsaufgaben mit Musterlösungen und Übungsaufgaben mit individuellem Feedback
- Erstellung und Verwendung von Learning Snacks in der Lehre
- Gamification der Lehre mittels Quizfragen

Vorwort

Das Lehrkonzept für das Lehrgebiet der Kostenrechnung im Bachelorstudiengang Wirtschaftsingenieurwesen an der htw saar basiert auf selbstständigem, aber durch das Dozierendenteam dauerhaft geführtem Erarbeiten und Üben der Lehrinhalte über das E-Learning-System der htw saar. Begleitet wird der Prozess durch einen verbindlichen Arbeitsplan, selbst erstellte Lernvideos, Literaturhinweise, Übungsaufgaben, wöchentliche Feedbackveranstaltungen, Einsendeaufgaben mit individuellem Feedback sowie in den Kurs integrierten Learning Snacks. Durch das Zusammenspiel aus selbstständigem Lernen der Studierenden und regelmäßigen Feedbackveranstaltungen des Dozierendenteams verbesserten sich die Prüfungsergebnisse deutlich. Das Lehrkonzept wurde am 01.12.2021 im Rahmen des Tags der Lehre an der Hochschule für Technik und Wirtschaft des Saarlandes erfolgreich vorgestellt.

Stefan Georg

Inhaltsverzeichnis

Abbildungsverzeichnis

Der Anfang von allem

1

1.1 Plötzlich ist alles anders

Bereits vor der Pandemie hat sich die Hochschule für Technik und Wirtschaft des Saarlandes, an der der Autor in der Fakultät Wirtschaftswissenschaften lehrt, dazu entschlossen, ein Moodle-basiertes E-Learning-System aufzubauen.[1] Dies hat sich während der Pandemie als eine sehr glückliche Entscheidung herausgestellt, mussten die Dozierenden doch im Frühjahr 2020 quasi von heute auf morgen von Präsenzlehre auf Online-Lehre umstellen.[2]

Auch die Schulen standen vor der Herausforderung, kurzfristig die klassische Lehre in den Schulklassen vor Ort durch Maßnahmen zum Homeschooling zu ersetzen. Und der Autor weiß aus eigenen Erfahrungen, dass dies in den Schulen nicht durchgängig geglückt ist. Das mag einerseits daran liegen, dass sich so manche Lehrperson auch 2020 und 2021 noch damit überfordert sah, den Computer für die Lehre zu nutzen, andererseits beschränkt sich die IT-Unterstützung der Lehrenden in und von Schulen auf ein Minimum. Meist gibt es in deutschen Schulen überhaupt kein hauptamtliches Personal, das sich um Computertechnik und -anwendungen kümmert. Stattdessen sind Lehrende stark auf sich alleine gestellt. An einer Hochschule ist das schon anders. Zumindest an der Hochschule für Technik und Wirtschaft des Saarlandes gibt es ein kleines IT-Team, das sich ausschließlich um die Belange rund um das E-Learning-Angebot der Hochschule kümmern kann.[3]

---

[1] Hochschule für Technik und Wirtschaft des Saarlandes (2019). Onlinequelle.

[2] Hochschule für Technik und Wirtschaft des Saarlandes (2021a). Onlinequelle.

[3] Hochschule für Technik und Wirtschaft des Saarlandes (o. J. a). Onlinequelle.

© Der/die Autor(en), exklusiv lizenziert durch Springer Fachmedien Wiesbaden GmbH, ein Teil von Springer Nature 2022
S. Georg, *Möglichkeiten zur E-Learning-gestützten Lehre*, essentials,
https://doi.org/10.1007/978-3-658-36821-0_1

Natürlich gibt es auch in Schulen erfreuliche Beispiele. So manche Lehrperson hat eine große Zahl von Stunden investiert, um sich in das Thema Online-Lehre einzuarbeiten. Online zu unterrichten ist sicherlich mehr als das Streaming von Lehrveranstaltungen, die im Klassenraum einer Schule oder Vorlesungssaal einer Hochschule gehalten werden. Die Digitalisierung hält auch dauerhaft Einzug in die Lehre.[4] Und es gilt, sie gemeinsam zu gestalten.[5] Aber was passiert nach der Pandemie? Sind dann alle neu erworbenen Kenntnisse wieder überflüssig? Auf keinen Fall! In diesem Buch wird der Autor anhand eines konkreten Beispiels aufzeigen, wie es möglich ist, auch ohne Pandemie eine E-Learning-gestützte Lehre anzubieten, ohne dabei auf die Vorteile von Präsenzveranstaltungen verzichten zu müssen.

1.2   Das Beispiel zur Kostenrechnung

Die Möglichkeiten zur Nutzung von E-Learning-Komponenten in der Lehre werden anhand eines konkreten Beispiels aufgezeigt. Dabei handelt es sich um eine Lehrveranstaltung zur Kostenrechnung,[6] einem Teilgebiet des Rechnungswesens, im Rahmen des Bachelorstudiengangs Wirtschaftsingenieurwesen an der htw saar. Laut Studien- und Prüfungsordnung handelt es sich um ein Fach des dritten Studiensemesters, d. h. die Studierenden haben bereits erste betriebswirtschaftliche Kenntnisse erworben, sind aber noch nicht sehr tief in die Inhalte der Betriebswirtschaftslehre eingestiegen.[7] Insofern sollten auch die Inhalte zur Kostenrechnung, sofern sie für dieses Buch eine Rolle spielen, für die Leserschaft gut zu verstehen sein.

Konzipiert ist das Lehrprogramm für einen Stundenumfang von 60 Unterrichtsstunden, wovon in der Studienordnung 30 h im Format Vorlesung und 30 h im Format Übung ausgewiesen sind. Die Vorlesung konzentriert sich stärker auf die Vermittlung der theoretischen Grundlagen, die Übung auf das Lösen von Aufgaben. Tatsächlich sind Vorlesung und Übung an der htw saar miteinander verzahnt, sodass eine einzelne Unterrichtsstunde immer sowohl Vorlesungs-

---

[4] Zu den Auswirkungen der Digitalisierung auf die Lehre siehe auch Gloerfeld, C. (2020). Auswirkungen von Digitalisierung auf Lehr- und Lernprozesse.

[5] Hochschulforum Digitalisierung (Hrsg.) (2021). Digitalisierung in Studium und Lehre gemeinsam gestalten.

[6] Georg, S. (o. J. a). Onlinequelle.

[7] Hochschule für Technik und Wirtschaft des Saarlandes (o. J. b). Onlinequelle.

als auch Übungskomponenten enthalten kann, was sich in der Regel als didaktisch sinnvoll erweist. In der Alt-Welt der reinen Präsenzlehre sind immer zwei Unterrichtsstunden zu einer Lehreinheit zusammengefasst, sodass es insgesamt 30 Lehreinheiten zu jeweils 90 min gibt, von denen pro Veranstaltungswoche während eines Semesters 2 Lehreinheiten in den Stundenplan integriert sind.[8] Werden dagegen E-Learning-Komponenten genutzt, kann von dieser strengen zeitlichen Regelung abgesehen werden. Das Fach schließt mit einer Klausur ab, die in der Regel in den ersten fünf Wochen nach dem Veranstaltungszeitraum stattfindet.

Im Beispielkurs zur Kostenrechnung engagieren sich drei Dozierende in der Lehre, die alle über eine langjährige Lehrerfahrung im Bereich des Rechnungswesens verfügen.

- Prof. Dr. Stefan Georg als Modulverantwortlicher lehrt seit 2000 an der htw saar unter anderem in den Bereichen Kostenrechnung, Business Planning, Controlling und Kostenmanagement bzw. Webbasiertes Wissensmanagement.[9] Er engagiert sich zudem in der Selbstverwaltung der Hochschule als Prüfungsausschussvorsitzender für die berufsbegleitenden und berufsintegrierenden Studiengänge der Hochschule und als ASW-Koordinator im Rahmen des Angebotes der dualen Studiengänge in Zusammenarbeit mit der Akademie der Saarwirtschaft.
- Alexander Hamman arbeitet seit 2012 als Lehrkraft für besondere Aufgaben an der htw saar. Dabei lehrt er technisch-wirtschaftliche Fächer, hauptsächlich in den Studiengängen zum Wirtschaftsingenieurwesen. Herr Hamman absolvierte an der htw saar den Studiengang Wirtschaftsingenieurwesen in Bachelor und Master mit den Schwerpunkten Energie(-wirtschaft) und Informatik.[10]
- Stefanie Scherer (Diplom-Betriebswirtin (FH), Bankkauffrau) unterrichtet seit über 10 Jahren als Lehrkraft für besondere Aufgaben an der htw saar Veranstaltungen wie Marketing, Allgemeine BWL, Buchführung oder Kostenrechnung. Sie engagiert sich vor allem in Studiengängen zum Wirtschaftsingenieurwesen, ist aber auch in den Studiengängen zur Betriebswirtschaftslehre aktiv.[11]

---

[8] Georg, S. (o. J. b). Onlinequelle.

[9] Hochschule für Technik und Wirtschaft des Saarlandes (o. J. c). Onlinequelle.

[10] Hochschule für Technik und Wirtschaft des Saarlandes (o. J. d). Onlinequelle.

[11] Hochschule für Technik und Wirtschaft des Saarlandes (o. J. e). Onlinequelle.

Seit fast 10 Jahren arbeitet das Dozierendenteam in mehreren Veranstaltungen zusammen – stets mit dem Ziel, den Studierenden bestmöglich ihr Wissen weiterzugeben. Gemeinsam haben Sie die Idee einer E-Learning-gestützten Lehre an der Hochschule für Technik und Wirtschaft des Saarlandes umgesetzt.

Das grundsätzliche Lehrkonzept 2

2.1 Roadmap

„Sage es mir, und ich werde es vergessen. Zeige es mir, und ich werde es vielleicht behalten. Lass es mich tun, und ich werde es können." (Konfuzius).

Bereits vor fast 2500 Jahren war Konfuzius davon überzeugt, dass „machen" die besten und am längsten anhaltenden Lernergebnisse hervorbringt. Basierend auf diesem Grundgedanken wurde die Veranstaltung Kostenrechnung im Bachelorstudiengang Wirtschaftsingenieurwesen der htw saar von der klassischen Vorlesung mit eingebauten Übungen und dominantem Frontalunterricht auf **selbstständiges, geführtes Erarbeiten der Lehrinhalte mit dauerhafter und intensiver Betreuung** angepasst,[1] welches sowohl als Präsenzlehre als auch als E-Learning-Konzept umgesetzt werden kann. Nachfolgende Ausführungen machen das grundsätzliche Lehrkonzept deutlich, unabhängig davon, ob E-Learning-Komponenten genutzt werden.

Die im Fach Kostenrechnung zu erarbeitenden Lerninhalte werden von Beginn an in einer Art **Roadmap** kommuniziert und den Studierenden zur Verfügung gestellt. Diese Roadmap enthält die Eingrenzung auf ausgewählte fachliche Bereiche (basierend auf der Moduldatenbank) in Form von.

- Leitfragen,
- zugehörige Übungsaufgaben sowie
- einem Zeitplan, bis zu welchem konkreten Termin welches Thema vorbereitet/erarbeitet sein muss.[2]

---

[1] Georg, S. (o. J. b). Onlinequelle.
[2] Georg, S. (o. J. b). Onlinequelle.

© Der/die Autor(en), exklusiv lizenziert durch Springer Fachmedien Wiesbaden GmbH, ein Teil von Springer Nature 2022
S. Georg, *Möglichkeiten zur E-Learning-gestützten Lehre*, essentials, https://doi.org/10.1007/978-3-658-36821-0_2

Ein solches Konzept wird in der Schule im Regelfall nicht kommuniziert. Meist werden Schülerinnen und Schüler von den Lehrinhalten „überrascht". Zwar gibt es in allen Bundesländern in Deutschland verbindliche Lehrpläne für den Unterricht, die aber in der Regel nicht in ein Roadmap-ähnliches Konzept überführt werden. Dies ist in Teilen durchaus nachvollziehbar, da im Schulunterricht nicht immer genau vorhergesagt werden kann, welche Schulstunden im Laufe des Schuljahres (z. B. aufgrund von Wandertagen, pädagogischen Tagen etc.) ausfallen, und zudem ist oft unklar, wie viel Zeit zur Vermittlung des Lehrstoffs tatsächlich benötigt wird, um möglichst vielen Schülerinnen und Schülern die Gelegenheit zu geben, den Lehrinhalt auch korrekt zu erfassen. Dennoch sollte es prinzipiell möglich sein, zumindest einen groben Plan für das Schuljahr zu erarbeiten, da trotz aller Widrigkeiten des täglichen Unterrichts der Lehrplan ja eine gewisse Verbindlichkeit besitzt.

▶ **Tipp** Studierende und Schüler bzw. Schülerinnen sind es gewohnt, durch eine Lehrveranstaltung geführt zu werden. Mit der Roadmap erleichtern Sie ihnen somit das Zurechtfinden im Kurs erheblich.

Um sich ein Bild von Roadmap machen zu können, sind nachfolgend deren Bestandteile beispielhaft für das Fach Kostenrechnung dargestellt.

2.2 Fachliche Themenbereiche

Die Lerninhalte des Faches Kostenrechnung lassen sich in einzelne Kapitel bzw. Module gliedern, die in der folgenden Aufzählung zusammengestellt sind:

- Modul 1: Was sind Kosten?
- Modul 2: Aufgaben und Teilgebiete des Rechnungswesens
- Modul 3: Grundprinzipien der Kostenverrechnung
- Modul 4: Einteilung der Kostenrechnungssysteme
- Modul 5: Kostenartenrechnung
- Modul 6: Kostenstellenrechnung
- Modul 7: Kostenträgerrechnung
- Modul 8: Deckungsbeitragsrechnung
- Modul 9: Prozesskostenrechnung
- Modul 10: Plankostenrechnung und Abweichungsanalyse

Die Vermittlung der Lerninhalte verteilt sich über einen Zeitraum von 15 Veranstaltungswochen. Damit erstrecken sich einzelne Module über lediglich eine Veranstaltungswoche, andere dagegen über zwei Wochen.

▶   **Tipp** Eine Aufteilung des Lehrstoffs in kleinere Kapitel ermöglicht eine übersichtliche Umsetzung der Lerneinheiten im E-Learning-Kurs.

2.3   Leitfragen

Statt Studierenden die Aufgabe zu erteilen „Erarbeiten Sie sich für nächste Woche die Kostenartenrechnung" grenzen die **Leitfragen** den zu erarbeitenden Themenraum weiter ein und geben eine vorab geplante und didaktisch sinnvolle Lernrichtung vor. Oftmals sind diese Leitfragen als offene Fragen formuliert, worauf es keine (gute) Ein-Satz-Antworten gibt. Gleichzeitig wird versucht, die Fragen so zu stellen, dass nicht immer direkt (in 5 min) über eine Google-Suche ein perfekter Treffer zu finden ist. Dieses Vorgehen soll die Studierenden dazu bewegen, nicht nur einen Buchabsatz zu lesen, sondern bei einem Thema auch über den Tellerrand hinaus zu schauen und verwandte Inhalte zu sichten.

Die nachfolgende Aufzählung zeigt die Lernfragen in den einzelnen Kapiteln bzw. Modulen des Faches.

Modul 1: Was sind Kosten?
Leitfragen und Lernziele:

1. Welche Strömungsgrößen gibt es, und wie sind diese definiert?
2. Welche Beispiele für Strömungsgrößen kennen Sie?
3. Welche Strömungsgrößen finden in der Liquiditätsplanung/-rechnung und welche in der Erfolgsplanung/-rechnung (insb. Kostenrechnung) Berücksichtigung?
4. Wie lassen sich neutraler Aufwand und kalkulatorische Kosten abgrenzen?
5. Welche Arten von neutralem Aufwand und kalkulatorischen Kosten kennen Sie?
6. Welche Beispiele können Sie für neutralen Aufwand und für kalkulatorische Kosten geben?

Modul 2: Aufgaben und Teilgebiete des Rechnungswesens
Leitfragen und Lernziele:

7. Was versteht man unter dem Rechnungswesen?
8. Aus welchen (zahlreichen) Teilgebieten setzt sich das betriebliche Rechnungswesen zusammen?
9. Welche Aufgaben werden vom Rechnungswesen allgemein übernommen?
10. Wie können Sie speziell die Aufgaben des internen Rechnungswesens beschreiben?

Modul 3: Grundprinzipien der Kostenverrechnung
Leitfragen und Lernziele:

11. Welche Verrechnungsprinzipien von Kosten werden unterschieden, und welches ist das dominierende Verrechnungsprinzip, um die Kostenarten den Kostenträgern zuzuordnen?
12. Wie lassen sich variable und fixe Kosten definieren?
13. Welche Rolle spielen die variablen und die fixen Kosten bei der Anwendung der Verrechnungsprinzipien?
14. Welche Beispiele kennen Sie für variable und für fixe Kosten?
15. Welche Konsequenzen hinsichtlich der Verrechnung von Fixkosten ergeben sich aus den einzelnen Verrechnungsprinzipien?

Modul 4: Einteilung der Kostenrechnungssysteme
Leitfragen und Lernziele:

16. Was sind Ist-Kostenrechnungen?
17. Was sind Plan-Kostenrechnungen?
18. Was sind Vollkostenrechnungen?
19. Was sind Teilkostenrechnungen?
20. Kosten lassen sich nach verschiedenen Kriterien kategorisieren. Welche Kriterien gibt es, und welche Kostentypen resultieren aus diesen Kriterien?

Modul 5: Kostenartenrechnung
Leitfragen und Lernziele:

21. Welche Aufgaben erfüllt die Kostenartenrechnung?
22. Auf Basis welcher Bezugsgrößen können Kostenarten-Kategorien gebildet werden?

23. Für welche Teilrechnungen werden diese Kostenarten-Kategorien benötigt?
24. Wie ist ein Kostenartenplan aufgebaut?
25. Welche Kostenarten machen in vielen Unternehmen typischerweise einen Großteil der Kosten aus?
26. Mit welchen Methoden werden die Materialkosten berechnet?
27. Wie kann bei der Materialkostenrechnung der Materialverbrauch bestimmt werden?
28. Wie kann bei der Materialkostenrechnung der Preis für das verbrauchte Material bestimmt werden?
29. Aus welchen Komponenten setzen sich die Personalkosten zusammen?
30. Wie hoch sind die Personalkosten für eine 450 Euro-Kraft?
31. Wie leitet sich aus dem Bruttoentgelt das Nettoentgelt ab?
32. Wie werden Dienst- oder Fremdleistungskosten berechnet?
33. Welche Arten von kalkulatorischen Kosten gibt es?
34. Welche Besonderheiten weisen die kalkulatorischen (ohne Berücksichtigung der Abschreibungen) Kosten auf?
35. Wodurch entstehen kalkulatorische Abschreibungen?
36. Welche Möglichkeiten gibt es, die kalkulatorischen Abschreibungen zu berechnen, und wie funktionieren diese Methoden?
37. Wie wird das betriebsnotwendige Kapital berechnet?
38. Wie berechnet man die kalkulatorischen Zinsen?

Modul 6: Kostenstellenrechnung
Leitfragen und Lernziele:

39. Was sind Kostenstellen, und wie werden diese gebildet?
40. Welche Arten von Kostenstellen gibt es?
41. Welche Ziele verfolgt die Kostenstellenrechnung?
42. Wie ist der Betriebsabrechnungsbogen aufgebaut?
43. Welche Kostenschlüssel gibt es, und wozu werden diese benötigt?
44. Welche Rechenschritte werden innerhalb der Kostenstellenrechnung und des Betriebsabrechnungsbogens durchgeführt?
45. Auf welche Arten kann die innerbetriebliche Leistungsverrechnung durchgeführt werden?
46. Wie funktioniert das Anbauverfahren?
47. Wie funktioniert das Stufenleiterverfahren?
48. Wie funktioniert das Gleichungsverfahren?
49. Wie werden die Kalkulationssätze zur Verrechnung der Gemeinkosten gebildet?
50. Welche Probleme ergeben sich aus dieser Art der Gemeinkostenverrechnung?

Modul 7: Kostenträgerrechnung
Leitfragen und Lernziele:

51. Was versteht man unter der Kostenträgerrechnung, und welche Grundformen gibt es?
52. Welche Kalkulationsmöglichkeiten bestehen, und welche Voraussetzungen an den Leistungsprozess sind damit verbunden?
53. Wie funktioniert die Divisionskalkulation?
54. Wie läuft die Äquivalenzziffernkalkulation ab?
55. Wie funktioniert eine Kuppelkalkulation?
56. Welche Formen der Zuschlagskalkulation gibt es, und wie funktionieren diese?
57. Wie läuft eine Handelskalkulation ab?
58. Wie lassen sich Preise kalkulieren?
59. Welche Probleme ergeben sich bei der Kostenträgerstückrechnung?
60. Wie funktioniert die Kostenträgerzeitrechnung?
61. Wie lässt sich das Umsatzkostenverfahren umsetzen?
62. Wie funktioniert das Gesamtkostenverfahren?

Modul 8: Deckungsbeitragsrechnung
Leitfragen und Lernziele:

63. Was versteht man unter einem Deckungsbeitrag?
64. Welche grundsätzlichen Aufgaben übernimmt die Deckungsbeitragsrechnung?
65. Wie ist eine einstufige Deckungsbeitragsrechnung aufgebaut?
66. Wie ist eine mehrstufige Deckungsbeitragsrechnung aufgebaut?
67. Welche Anwendungen für Deckungsbeitragsrechnungen gibt es?
68. Wie funktioniert eine Gewinnschwellenanalyse?
69. Wie wird die Wirtschaftlichkeit von (Zusatz-)Aufträgen berechnet?
70. Wie kann mit der Deckungsbeitragsrechnung das Produktionsprogramm optimiert werden?

Modul 9: Prozesskostenrechnung
Leitfragen und Lernziele:

71. Was versteht man unter der Prozesskostenrechnung?
72. Welche Ziele werden mit der Prozesskostenrechnung verfolgt?
73. Wie läuft eine Prozesskostenrechnung in groben Zügen ab?
74. Wie werden die Prozesskosten bestimmt?
75. Was sind Kostentreiber?

76. Was sind lmi-Prozesse, was sind lmn-Prozesse, und welche Beispiele dafür kennen Sie?
77. Wie werden die Prozesskostensätze auf Teilkostenbasis bestimmt?
78. Wie werden die Prozesskostensätze auf Vollkostenbasis bestimmt?
79. Welche Unterschiede bestehen hinsichtlich der Verrechnung der Gemeinkosten bei einer Prozesskostenrechnung im Vergleich zu einer klassischen Kalkulation?

Modul 10: Plankostenrechnung und Abweichungsanalyse
Leitfragen und Lernziele:

80. Was versteht man unter der Plankostenrechnung?
81. Welche Ziele und Aufgaben werden mit der Plankostenrechnung verfolgt?
82. Welche Charakteristika weist die starre Plankostenrechnung auf?
83. Welche Formen der flexiblen Plankostenrechnung gibt es, und worin bestehen die Unterschiede?
84. Wie funktionieren die Rechnungen innerhalb der einzelnen Formen der Plankostenrechnung?
85. Welche Bestandteile der Abweichungsanalyse sind von besonderer Bedeutung?
86. Wie berechnet man die Verbrauchsabweichung?
87. Wie berechnet man die Beschäftigungsabweichung?
88. Wie bestimmt man die Gesamtabweichung?

▶ **Tipp** Die Formulierung der Lerninhalte in Form von Fragen vermittelt den Kursteilnehmern und -teilnehmerinnen einen guten Überblick über die Themen, die von ihnen zu bearbeiten sind.

2.4 Übungsaufgaben

Die Übungsaufgaben erstrecken sich über sämtliche Themengebiete der Kostenrechnung. Teilweise handelt es sich – thematisch bedingt – um Aufgaben, deren Lösung verbal oder durch begriffliche Zuordnungen zu formulieren ist. Oftmals gibt es aber auch Aufgaben, die eine Rechnung erforderlich machen. Für jeden Typ sei an dieser Stelle jeweils ein Beispiel aufgeführt.

Beispiel für eine Aufgabe mit begrifflichen Zuordnungen
Beschreiben Sie

Ein- und Auszahlungen, Einnahme und Ausgaben, Aufwand und Erträge sowie Kosten und Betriebserträge der folgenden Sachverhalte:

a) Zugang und Bezahlung von Vorräten im Wert von 100 €, die in der betreffenden Periode verbraucht werden
b) Verbrauch von bisher unbezahlten Hilfsstoffen im Wert von 200 €, die in der letzten Periode zugingen
c) Rückzahlung eines Darlehens in Höhe von 5000 €, das zu einem früheren Zeitpunkt aufgenommen wurde
d) Verbrauch von Büromaterial im Wert von 30 € in der Periode der Anschaffung
e) Krediteinkauf von Rohstoffen im Wert von 2000 €
f) Sofortabschreibung eines geringwertigen Wirtschaftsgutes im Wert von 80 €
g) Vermögensverlust durch Überschwemmung in Höhe von 12.000 €
h) Verkauf einer Maschine für 800 € und damit 300 € unter ihrem Buchwert von 1100 €
i) Spende an das Rote Kreuz über 70 €
j) Investition in ein neues Verwaltungsgebäude in Höhe von 300.000 €

Beispiel für eine Aufgabe, die rechnerisch zu lösen ist
Ermitteln Sie die jährlichen Abschreibungsbeträge und die Restbuchwerte nach der

- linearen,
- geometrisch-degressiven und
- arithmetisch-degressiven

Abschreibungsmethode bei Anschaffungskosten von 84.000 €, einer geplanten Nutzungsdauer von 4 Jahren und einem Liquidationserlös von 44.000 €.

In einigen Fällen lassen sich auch Aufgaben formulieren und integrieren, für die eine Wahr-Falsch-Entscheidung (Multiple-Choice) zu treffen ist.
Beispiel für eine Multiple-Choice Aufgabe (hier: Auswahl auch den Antwortmöglichkeiten wahr oder falsch):
Prüfen Sie, welche der folgenden Aussagen wahr und welche falsch sind.
Das Verursachungsprinzip

a) besagt, dass einem einzelnen Kostenträger nur jene Kosten zugerechnet werden dürfen, die dieser durch seine Erstellung verursacht hat.
b) wird bei Anwendung des Durchschnittsprinzips durchbrochen.
c) führt bei konsequenter Anwendung zu einer Teilkostenrechnung.

d) beinhaltet das Tragfähigkeitsprinzip als Spezialfall.
e) ist im Mehrprodukt-Betrieb überhaupt nicht anwendbar.
f) versagt bei der Verrechnung von Fixkosten auf die Kostenträger.

> **Tipp** In E-Learning-Systemen lassen sich in der Regel zu den Aufga-
> ben auch die Lösungen formulieren, die erst dann sichtbar werden,
> wenn eine Lösung zur Aufgabe eingegeben wurde. So ist dann eine
> automatische Erfolgskontrolle möglich.

2.5 Zeitplan

Im Zeitplan ist für die Studierenden genau ersichtlich, in welcher Woche welches Thema zu bearbeiten ist. Dabei ist zu erwähnen, dass das Dozierendenteam
davon ausgeht, dass die Studierenden die entsprechenden Lehrinhalte selbstständig vorbereiten und damit auch vorbereitet zur Lehrveranstaltung erscheinen,
unabhängig davon, ob diese online oder vor Ort stattfindet. Auch für den Fall
des klassischen Frontalunterrichts ist ein entsprechender Zeitplan nutzbar. Nach-
folgendes Beispiel zeigt den Zeitplan der Lehrveranstaltung als Präsenzlehre aus
dem Wintersemester 2019/2020 für den Zeitraum bis zu den Weihnachtsferien:

1. Veranstaltung: GEORG
   Donnerstag, 24.10.2019
   Einführungsveranstaltung
   Hinweis: In dieser Vorlesungswoche findet keine weitere Veranstaltung statt!
   Selbststudium: **Beschaffung der Literatur** und Vorbereitung von Modul 1

2. Veranstaltung: GEORG
   Donnerstag, 31.10.2019
   Thema: Modul 1: Was sind Kosten? Abgrenzung der Strömungsgrößen
   Frage 1 bis 3, Aufgabe 1, 2 und 3
   https://www.wiin-kostenmanagement.de/grundlagen-kostenrechnung/
   https://www.wiin-kostenmanagement.de/definition-von-kosten/

3. Veranstaltung: HAMMAN
   Dienstag, 05.11.2019 bzw. Mittwoch, 06.11.2019
   Thema: Modul 1: Was sind Kosten? Abgrenzung neutraler Auf-
   wand/kalkulatorische Kosten
   Frage 4 bis 6, Aufgabe 4, 5

https://www.wiin-kostenmanagement.de/neutraler-aufwand-kalkulatorische-kosten/

4. Veranstaltung: GEORG
Donnerstag, 07.11.2019
Thema: Modul 2: Aufgabe und Teilgebiete des Rechnungswesens
Frage 7 bis 10, Aufgabe 6, 7
https://www.wiin-kostenmanagement.de/aufgaben-und-teilgebiete-des-rechnu
ngswesens/

5. Veranstaltung: HAMMAN
Dienstag, 12.11.2019 bzw. Mittwoch, 13.11.2019
Thema: Modul 3: Grundprinzipien der Kostenverrechnung
Frage 11 bis 15, Aufgabe 8, 9
https://www.wiin-kostenmanagement.de/verrechnungsprinzip-der-kostenrec
hnung/

6. Veranstaltung: GEORG
Donnerstag, 14.11.2019
Thema: Modul 4: Einteilung der Kostenrechnungssysteme
Frage 16 bis 20, Aufgabe 10, 11, 12
https://www.wiin-kostenmanagement.de/kostenrechnungssysteme/

7. Veranstaltung: HAMMAN
Dienstag, 19.11.2019 bzw. Mittwoch, 20.11.2019
Thema: Modul 5: Kostenartenrechnung: Systematisierung der Kostenarten
Frage 21 bis 25, Aufgabe 13, 14, 15, 16
https://www.wiin-kostenmanagement.de/kostenartenrechnung/

8. Veranstaltung: GEORG
Donnerstag, 21.11.2019
Thema: Modul 5: Kostenartenrechnung: Erfassung der Materialkos-
ten/Werkstoffkosten, Erfassung der Personalkosten, Erfassung von Dienstleis-
tungskosten/Steuern
Frage 26 bis 32, Aufgabe 17, 18, 19, 20
https://www.wiin-kostenmanagement.de/materialkosten/
https://www.wiin-kostenmanagement.de/personalkosten/

9. Veranstaltung: HAMMAN
Dienstag, 26.11.2019 und Mittwoch, 27.11.2019
Thema: Modul 5: Kostenartenrechnung: Grundlagen der kalkulatorischen
Kosten, Erfassung der kalkulatorischen Abschreibungen

Frage 33 bis 36, Aufgabe 21, 22
https://www.wiin-kostenmanagement.de/kalkulatorische-kosten/

10. Veranstaltung: GEORG
Donnerstag, 28.11.2019
Thema: Modul 5: Kostenartenrechnung: Erfassung weiterer kalkulatorischer
Kosten (Wagnisse, Eigenkapitalverzinsung, kalk. Unternehmerlohn, kalk. Miete)
Frage 37 bis 38, Aufgabe 23, 24, 25
https://www.wiin-kostenmanagement.de/kalkulatorische-kosten/

11. Veranstaltung: HAMMAN
Dienstag, 03.12.2019 und Mittwoch, 04.12.2019
Thema: Modul 6: Kostenstellenrechnung: Zielsetzung, Kostenstellendefinition,
Kostenstellenarten, Gliederungssystematik, Betriebsabrechnungsbogen Aufbau
und Arbeitsschritte, Wahl der Kostenschlüssel
Frage 39 bis 44
https://www.wiin-kostenmanagement.de/kostenstellenrechnung/
https://www.wiin-kostenmanagement.de/betriebsabrechnungsbogen-bab/

12. Veranstaltung: HAMMAN
Donnerstag, 05.12.2019
Thema: Modul 6: Kostenstellenrechnung: Zielsetzung, Kostenstellendefinition,
Kostenstellenarten, Gliederungssystematik, Betriebsabrechnungsbogen Aufbau
und Arbeitsschritte, Wahl der Kostenschlüssel
Aufgabe 26, 27
https://www.wiin-kostenmanagement.de/kostenstellenrechnung/
https://www.wiin-kostenmanagement.de/betriebsabrechnungsbogen-bab/

13. Veranstaltung: SCHERER
Dienstag, 10.12.2019 und Mittwoch, 11.12.2019
Thema: Modul 6: Kostenstellenrechnung: Innerbetriebliche Leistungsverrechnung: Anbauverfahren, Stufenleiterverfahren, Gleichungsverfahren
Frage 45 bis 50, Aufgabe 28, 29, 30, 31
https://www.wiin-kostenmanagement.de/innerbetriebliche-leistungsverrec
hnung/

14. Veranstaltung: HAMMAN
Donnerstag, 12.12.2019
Thema: Modul 7: Kostenträgerrechnung: Grundlagen Kostenträgerstückrechnung, Überblick Kalkulationsmethoden, Einstufige und mehrstufige Divisionskalkulation

Frage 51 bis 53, Aufgabe 32, 33, 34
https://www.wiin-kostenmanagement.de/kalkulation/
https://www.wiin-kostenmanagement.de/divisionskalkulation/

15. Veranstaltung: SCHERER
Dienstag, 17.12.2019 und Mittwoch, 18.12.2019
Thema: Modul 7: Kostenträgerrechnung: Äquivalenzziffernkalkulation
Frage 54, Aufgabe 35, 36, 37
https://www.wiin-kostenmanagement.de/aequivalenzziffernkalkulation/

16. Veranstaltung: HAMMAN
Donnerstag, 19.12.2019
Thema: Modul 7: Kostenträgerrechnung: Kuppelkalkulation mit Äquivalenz-
ziffern, Kuppelkalkulation mit Restwertmethode
Frage 55, Aufgabe 38, 39, 40
https://www.wiin-kostenmanagement.de/kuppelkalkulation/
Sie können im Zeitplan erkennen, dass für jeden Veranstaltungstermin

- das Mitglied des Dozierendenteams genannt ist, welches die Lehre an diesem
  Tag gestalten wird,
- das Thema der Lehrveranstaltung benannt ist,
- die jeweiligen Leitfragen und Übungsaufgaben aufgeführt sind und
- Hinweise zu einer Onlinequelle gegeben sind, welche die Studierenden nutzen können, um sich erstmalig mit den Lehrinhalten in kompakter Form zu
  beschäftigen.

▶ **Tipp** Anstatt konkrete Zeitpunkt als Daten zu nennen, ist auch die
Angabe von Veranstaltungswochen oder kurzer Zeiträume denkbar.
Das schafft mehr Spielräume, sollte zu Beginn nicht eindeutig geklärt
sein, wie viel Zeit ein Thema in Anspruch nimmt. Gerade in Schulen mit überdurchschnittlich hohen Ausfallzeiten von Unterricht ist
die Angabe kurzer Zeiträume sinnvoll, um den Zeitplan nicht ständig
überarbeiten zu müssen.

Mögliche E-Learning-Komponenten 3

3.1 Das Problem von Selbstorganisation und Motivation

Ist eine Lehre in Präsenz vor Ort nicht möglich, wie es während der Pandemie vielfach der Fall war/ist, muss ein Ersatzkonzept gefunden werden, wie der Lehrinhalt an die Lernenden (Studentinnen und Studenten sowie Schülerinnen und Schüler) transferiert werden kann. Viele Betroffene haben in den letzten beiden Jahren beklagt, dass eine Live-Übertragung des Unterrichts mittels einer geeigneten (Konferenz-)Software sehr schnell zu Ermüdungserscheinungen und Konzentrationsmängeln bei Lehrenden und Lernenden führt.[1] Sechs oder gar acht Unterrichtsstunden vor dem Computer, Tablet oder Smartphone stellen keine geeignete Möglichkeit dar, den notwendigen Lehrstoff zu vermitteln oder zu erfassen. Hier braucht es Alternativen, die zwangsweise dazu führen, dass die Lernenden mehr Selbstorganisation und Motivation mitbringen müssen.[2] Doch genau das fällt vielen Schülerinnen und Schülern sowie Studierenden schwer, vor allem auch deshalb, weil sie es schlichtweg nicht gewohnt sind. Im Unternehmen nennt man diesen Effekt dann später auch gerne Praxisschock, wenn Berufseinsteiger plötzlich acht Zeitstunden am Tag und vor allem auch über weite Strecken am Stück arbeiten müssen (oft gibt es nur eine Mittagspause), ohne dass jemand neben oder vor einem steht und zum Arbeiten anhält.

---

[1] Kuhn (2021). Onlinequelle.

[2] Bohlken (2018). Onlinequelle.

© Der/die Autor(en), exklusiv lizenziert durch Springer Fachmedien Wiesbaden GmbH, ein Teil von Springer Nature 2022
S. Georg, *Möglichkeiten zur E-Learning-gestützten Lehre*, essentials,
https://doi.org/10.1007/978-3-658-36821-0_3

Doch wie kann der Übergang zu mehr Eigeninitiative und Selbstlernphasen gelingen? Einerseits bietet die zuvor bereits beschriebene Roadmap hier eine erste Unterstützung, denn sie strukturiert den Lehr- und Lernprozess eindeutig. Außerdem kann sie nicht nur für Präsenzlehrveranstaltungen, sondern auch für das Lernen zu Hause genutzt werden. Der Vorteil der Roadmap liegt darin, dass die Lernenden immer genau sehen können, an welchem Punkt des Gesamtlehrprogramms sie sich befinden und welche konkreten Aufgaben von ihnen zu bewältigen sind. Das schafft mehr Transparenz im Lehr- und Lernprozess und sorgt auch für mehr Befriedigung, Aufgaben (erfolgreich) bearbeitet zu haben. Andererseits muss der klassische Frontalunterricht reduziert und durch alternative Lehrformen ersetzt werden. Dazu bieten sich beispielsweise die folgenden Komponenten an:

- Einsatz von Lernvideos
- Nutzung von Übungsaufgaben mit Musterlösung
- Integration von Übungsaufgaben mit individuellem Feedback durch die Lehrenden
- Verwendung von kleinen Lernhäppchen
- Einsatz von Quiz-Tools

Die genannten Komponenten werden Ihnen nachfolgend vorgestellt.

3.2   Lernvideos

Auf den ersten Blick klingt der Einsatz von Lernvideos anspruchsvoll – und zwar vor allem für die Lehrenden. Entweder müssen sie nach geeigneten Lernvideos suchen, die für die Verwendung in Schule oder Hochschule freigegeben sind, oder aber sie erstellen die Lernvideos selbst. Letzteres ist heute technisch vergleichsweise einfach möglich. An der Hochschule für Technik und Wirtschaft des Saarlandes steht dazu den Lehrenden die Software Camtasia® des Unternehmens TechSmith zur Verfügung.[3] Mit ihr ist es nicht nur möglich, ein Video aufzunehmen, sondern auch noch professionell aufzubereiten. Doch ist die Aufbereitung wirklich nötig? Im Unterricht versprechen sich die Lehrenden auch einmal, stellen Inhalte vielleicht einmal umständlich und ganz selten sogar einmal fehlerhaft dar, denn auch sie sind nicht perfekt. Die Erwartungshaltung der

---

[3] Techsmith (o. J.). Onlinequelle.

Lernenden sollte also nicht unglaublich hoch sein, und deshalb kann sich wirklich jeder an die Erstellung eines Lernvideos trauen.

▶ **Tipp** Man muss nicht zum Moderator für Funk und Fernsehen ausgebildet sein, um ein Lernvideo aufzuzeichnen. Menschliche Züge (wie ein Verhaspeln) machen das Video sogar eher authentischer. Perfektionismus hinsichtlich der Präsentation ist also gar nicht erforderlich.

Mit Camtasia® ist es beispielsweise möglich, den gesamten Computerbildschirm oder eine Präsentation mit der Präsentationssoftware Microsoft PowerPoint aufzuzeichnen, sodass nur die Präsentationsunterlagen (oder der Computerbildschirm) zu sehen und die Stimme der/des Präsentators zu hören sind. Die Dozierenden sind nur dann über eine Webcam zu sehen, wenn sie das auch wünschen und entsprechend einstellen.

▶ **Tipp** Wenn Sie sichtbar in die Kamera sprechen, erzeugen Sie mehr persönliche Nähe zu Ihrer Zuhörerschaft. Andererseits können sich die Lernenden besser auf die Lehrinhalte konzentrieren, wenn sie nur diese auf dem Bildschirm sehen. Es gibt also nicht das Nur-so-ist-es-richtig. Letztlich können Sie hier Ihre persönlichen Präferenzen umsetzen.

Es zeigt sich darüber hinaus, dass es sinnvoll ist, kurze Lernvideos aufzunehmen, die eine Dauer von nur wenigen Minuten haben.[4] Einerseits ist es dadurch möglich, dass die Konzentration der Lernenden beim Betrachten des Videos hoch bleibt. Andererseits lässt sich ein kurzes Lernvideo auch mehrfach aufzeichnen, wenn man selbst mit dem Inhalt, der Qualität der Erklärungen oder der verwendeten Sprache nicht einverstanden ist. So kann man auf zeitintensive Videobearbeitung verzichten und verliert durch die Mehrfachaufnahme nur wenig Zeit. Übrigens, Sie werden erstaunt sein, dass Sie für den Lehrinhalt, den Sie sonst in den Lehrveranstaltungen in 15 min erklären, bei der Aufnahme eines Lernvideos oft nur fünf bis acht Minuten benötigen – und dennoch ist alles Wichtige gesagt. Vielleicht macht auch gerade das den Charme einer Präsenzveranstaltung aus, denn „die Prosa" zwischen den eigentlichen Inhalten fehlt beim Lernvideo meist. Auf der anderen Seite: Wenn Sie die Lernvideos in einer E-Learning-Umgebung bereitstellen, können sich die Lernenden das Video mehrfach anschauen. Wer ansonsten im Unterricht einmal abgelenkt ist oder

---

[4] Zu den Vor- und Nachteilen von Lernvideos siehe auch: Learnattack (o. J.). Onlinequelle.

nicht aufpasst, hat die Gelegenheit zur Wissensaufnahme verpasst. Diese Wiederholungsmöglichkeit ist sicherlich ein ganz großer Vorteil des Einsatzes von Lernvideos.

▶ **Tipp** Wenn Sie eine Präsentation aufzeichnen, gestalten Sie diese möglichst einfach mit wenigen Begriffen auf einer Präsentationsseite. Die Videos werden von den Lernenden oft auf mobilen Endgeräten mit vergleichsweise kleinen Bildschirmen betrachtet. Wenn eine Präsentationsseite zu voll ist, kann sie dann nicht mehr gelesen werden. Deshalb sollten die Seiten zumindest auf einem Tablet gut lesbar sein.

3.3   Übungsaufgaben mit Musterlösungen

Im Rahmen von Lehrveranstaltungen ist es häufig so, dass die Dozierenden Übungsaufgaben erst einmal vorrechnen, bevor Sie den Lernenden die Aufgabe übertragen, entsprechende Übungen selbstständig zu bearbeiten. Für den Einsatz des E-Learnings in der Lehre bietet es sich an, für solche Erst-Aufgaben Musterlösungen vorzubereiten. Das kann in schriftlicher Form erfolgen, aber natürlich auch über die Aufnahme eines Lernvideos.

Für den Fall der schriftlichen Form ist zu beachten, dass die Musterlösung so erklärt wird, dass sie die Lernenden auch verstehen können. Es genügt dann nicht, den kürzesten aller Lösungswege darzustellen. Vielmehr muss die eigentliche Lösung um Kommentare oder Erläuterungen ergänzt werden. Dennoch bietet auch die schriftliche Form der Musterlösung Vorteile. Denn sie leitet die Lernenden dazu an, sich selbstständig mit der Fragestellung zu beschäftigen, da es in vielen Fällen notwendig sein wird, die Lösung zu durchdenken. Und damit erwerben sie eine Kompetenz, die im beruflichen Leben und im persönlichen Alltag unverzichtbar geworden ist.

▶ **Tipp** Geben Sie nicht zu jeder Übungsaufgabe gleich eine Musterlösung an. Musterlösungen verleiten die Lernenden zu schnell dazu, in die Lösung zu schauen, anstatt sich eigene Gedanken zu machen. Ganz ohne Aufgaben mit Musterlösungen fühlen sich die Lernenden andererseits möglicherweise alleine gelassen. Auf die Mischung kommt es letztlich an.

3.4 Übungsaufgaben mit individuellem Feedback

Tatsächlich ist es wichtig, dass die Lernenden auch einmal Aufgaben völlig selbstständig bearbeiten. Prinzipiell sind solche Aufgaben üblicherweise in den Präsenzunterricht integriert. Doch Lehrende wissen, nicht immer beteiligen sich alle Lernenden gleichermaßen an diesen Aufgaben, so manche schalten da auch in den Präsenz-Lehrveranstaltungen einmal ab.

Wenn es der zeitliche Einsatz der Dozierenden ermöglicht, können sie entsprechende Feedback-Aufgaben in das Lehrprogramm integrieren. In diesen Fällen müssen die Lernenden die Aufgaben selbstständig lösen und ihre Lösung dann (im Idealfall über das E-Learning-Tool) den Lehrenden zur Korrektur bzw. zum Feedback zur Verfügung stellen. Prinzipiell ersetzt diese Vorgehensweise die Hausaufgabenkontrolle in der Schule, die auch dort oft viel Zeit in Anspruch nimmt.

▶ **Tipp** Mit Satzbausteinen, die Sie häufiger verwenden können, lässt sich hier viel Korrekturzeit einsparen, denn so mancher Fehler wiederholt sich immer wieder. Dann muss man die Antwort nicht jedes Mal neu formulieren, sondern kann auf die Satzbausteine zurückgreifen.

Für die Lernenden sind solche Feedback-Aufgaben in E-Learning-gestützten Konzepten besonders wertvoll. Denn im Unterschied zur Präsenzlehre fällt es ihnen jetzt schwerer, sich nicht am Lösen der Übungsaufgaben zu beteiligen, da sie wissen, dass die Lehrpersonen genau sehen können, wer Aufgaben gelöst hat und wer nicht. Das erhöht die Hemmschwelle, einfach einmal nichts zu tun. Gleichzeitig wird der Trainingseffekt für die Studierenden und die Schülerschaft gestärkt. So sind sie letztlich sogar oftmals besser auf die Prüfung vorbereitet als in der analogen Alt-Welt der Lehre.

▶ **Tipp** Manche E-Learning-Systeme ermöglichen es, sogenannte Badges zu verleihen. Wenn Sie eine solche Auszeichnung als „aktiver Teilnehmer" bzw. „aktive Teilnehmerin" vergeben, kann das die Motivation zum Lösen der Aufgaben noch erhöhen.

Und wenn die Gruppe insgesamt überschaubar groß ist, wird den Dozierenden auch auffallen, wenn identische Lösungen abgegeben werden. Allerdings ist es grundsätzlich auch möglich, dass die Dozierenden Team-Arbeit in kleinen Gruppen ausdrücklich erlauben. Sie können sogar auf vielen Lernplattformen wie Moodle die Kursteilnehmerinnen und Kursteilnehmer in Teams einteilen.[5] Teamarbeit birgt zwar die Gefahr, dass einzelne Lernende Team als toll-ein-anderer-machts interpretieren und sich aktiv nur wenig an der Lösungsfindung beteiligen, andererseits wird der Arbeitsumfang für die Lehrenden besser bewältigbar und der Zusammenhalt innerhalb der Studierenden- oder Schülergruppe gestärkt.

▶ **Tipp** Wenn Sie als Dozierende die Lernenden in Teams einteilen, finden sich auch einmal Teams zusammen, die in der Normalwelt niemals zusammenarbeiten würden. Das stärkt dann sogar die Sozialkompetenzen der Teammitglieder, sei es auch im Bereich des Konfliktmanagements.

3.5 Lernhäppchen

Neben dem Einsatz von Lernvideos ist auch die Nutzung von Lernhäppchen zur Wissensvermittlung möglich. Lernhäppchen sind schriftlich aufbereitete Lerninhalte, die den Nutzern oft nur schrittweise angezeigt werden, sodass sich der Lehrinhalt nach und nach vermitteln lässt.

Ein Anbieter von (kostenlosen) Lernhäppchen sind die Organisatoren der Webseite https://www.learningsnacks.de. Auf dieser (privatwirtschaftlichen) Webseite gibt es bereits viele Lernhäppchen, die Sie einfach nutzen können, die Learning Snacks lassen sich aber auch vergleichsweise leicht selbst erstellen.[6] Ein Blick auf die Startseite von learningsnacks.de bietet Ihnen Abb. 3.1.

Die Learning Snacks sind im Stil einer Chat-Nachricht aufgebaut, wobei sich neben Text auch Fotos, sogar Videos und Quiz-Aufgaben integrieren lassen. Für das Beispiel der Lehrveranstaltung zur Kostenrechnung werden entsprechende Learning Snacks genutzt und im kommenden Kapitel dann auch detailliert vorgestellt.

Der Vorteil des Einsatzes von Lernhäppchen liegt auch darin, dass die Vermittlung von Wissen eine spielerische Komponente erhält.[7] Aufgrund der Auswertungsmöglichkeit am Ende eines Learning Snacks können diese auch als

---

[5] Moodle (2020a). Onlinequelle.

[6] Schul-tech (o. J.). Onlinequelle.

[7] Ruhrfutur (2021). Onlinequelle.

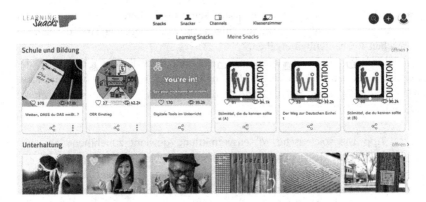

Abb. 3.1 Learning Snacks. (Quelle: Learning Snacks (o. J. a). Onlinequelle)

Wettbewerb genutzt werden, was dem Aspekt der sogenannten Gamification sogar noch stärkt.

> **Tipp** Es gibt inzwischen eine ganze Reihe von Angeboten im Internet, Lernhäppchen zu erstellen. Der Autor hat sich für das Angebot von learningsnacks.de entschieden, weil ihm bei diesem Portal die Erstellung der Lernhäppchen besonders leichtgefallen ist und ihn die Vielfalt der Gestaltungsmöglichkeiten überzeugt. Nachteilig ist sicherlich, dass es sich dabei um ein privatwirtschaftliches Angebot der Learning Snacks GmbH handelt und somit keine Sicherheit besteht, dass das Angebot auch morgen noch verfügbar ist.

3.6 Quiztools

Nicht immer ist es möglich, jede Lösung zu einer Übungsaufgabe individuell zu betrachten und den Lernenden ein persönliches Feedback zu geben. Hier bietet sich der Einsatz von Quiztools an, die es in großer Anzahl gibt.[8] Das E-Learning-System der htw saar sieht bereits den Einsatz von Quizfragen in der Lehre vor.

In einem Quiz lassen sich Fragen formulieren und mögliche Antworten definieren, von denen dann nur eine oder mehrere richtig sind. Auch Rechenaufgaben

---

[8] Epp (2020). Onlinequelle.

lassen sich effektiv in Quiz-Form ausdrücken, insbesondere auch dann, wenn bei den Antwortmöglichkeiten auch diejenigen Antworten enthalten sind, die sich bei typischen Rechenfehlern ergeben.

Oftmals lässt sich eine Quizantwort auch zusätzlich erläutern, sodass die Quizzenden nicht nur erfahren, welche Lösung richtig ist, sondern auch warum diese richtig ist. So bieten auch Quiztools die Möglichkeit, Wissen spielerisch zu vermitteln.

▶   **Tipp** Die spielerische Wissensvermittlung gewinnt zunehmend an Popularität, vielleicht auch wegen der vielen Quizshows im Fernsehen und der zahlreichen Quiz-Apps für Smartphones und Tablets. Ein Quiz ist schnell erstellt, gilt als modern und weckt bei vielen Lernenden Interesse am Thema.

3.7   Entwicklungsmöglichkeiten

War es das etwa schon? Mit Sicherheit nicht! Es geht hier auch nicht darum, eine High-end-Lehre aufzubauen. Vielmehr sollen Ihnen ein paar Werkzeuge vorgestellt werden, die sich relativ einfach und unkompliziert anwenden lassen. Vor allem aber fehlt noch eine Komponente völlig: die unmittelbare Unterredung der Dozierenden mit den Lernenden.

Als Blended Learning werden Lehrkonzepte bezeichnet, die E-Learning-Komponenten mit klassischen Lehrveranstaltungen verbinden,[9] sei es in Präsenz vor Ort oder über entsprechende Konferenz-Software. Diese Lehrveranstaltungen sorgen für den persönlichen Kontakt zwischen Dozierenden und Lernenden. Gerade in Präsenzhochschulen und in den klassischen Schulformen, die sich von Bundesland zu Bundesland in ihrer Ausgestaltung unterscheiden, ist der persönliche Kontakt unverzichtbar. Allerdings ermöglicht der Einsatz von E-Learning-Komponenten, die persönliche Kontaktzeit zu reduzieren. Das schafft Freiräume für Lehrende und Lernende. Anstatt sechs oder acht Unterrichtsstunden am Stück vor dem Computer zu sitzen, kann die Konferenz und Kontaktzeit reduziert werden. Wie stark die Reduktionsmöglichkeit ist, hängt natürlich vom Umfang der eingesetzten E-Learning-Komponenten ab. So entsteht eine Kombination aus zumindest teilweise asynchronem Lehren und Lernen, die sich besser an individuelle Bedürfnisse anpassen lässt.

---

[9] Quade (2017). Onlinequelle.

▶ **Tipp** Zum Wintersemester 2021/2022 verzeichneten viele Hochschulen in Deutschland einen ausgesprochen hohen Rückgang der Bewerberzahlen für ein Studium. Eine stichprobenartig durchgeführte Befragung von Abiturienten hat ergeben, dass viele den Einstieg ins Online-Studium im Anschluss an die Schule scheuen und sich gesicherte Präsenzlehre wünschen. In diesem Zusammenhang sollte Wert auf den persönlichen Kontakt zwischen Lehrenden und Lernenden gelegt werden. Sicherlich gibt es auch einen Markt für das Fernstudium. Nichtsdestotrotz ist jungen Menschen der Kontakt zu anderen wichtig. Deshalb ist ein Blended Learning-Konzept in vielen Fällen dem reinen E-Learning-Ansatz überlegen.

Praxisbeispiel Kostenrechnung (Grundkonzept)

4

4.1 Moodle als Grundlage des E-Learning-Systems

Das folgende Beispiel soll keinesfalls als DAS Muster für eine E-Learning-gestützte Lehre verstanden werden. Vielmehr soll ein Ansatz aufgezeigt werden, wie man mit vertretbarem Aufwand ein entsprechendes Konzept aufbauen und realisieren kann. Dazu sind Ihnen anhand zahlreicher Screenshots zur Lehrveranstaltung Kostenrechnung im Rahmen des Bachelorstudiengangs Wirtschaftsingenieurwesen an der Hochschule für Technik und Wirtschaft des Saarlandes in Saarbrücken die einzelnen Komponenten des Lehrkonzepts dargestellt und erläutert.

Die Hochschule nutzt ein Moodle-basiertes E-Learning-System, das auf die speziellen Bedürfnisse der Hochschule angepasst ist.[1] Das System bietet den Vorteil, dass es in den Grundzügen der Hauptzielgruppe der Hochschule, den Abiturienten und Fachabiturienten aus dem Saarland, bereits bekannt ist, weil das im Saarland zur Verfügung stehende E-Learning-System der Schulen ebenfalls auf Moodle basiert.[2]

▶ **Tipp** Inzwischen gibt es bundesweit an Schulen und an Hochschulen ohnehin entsprechende E-Learning-Systeme. Auch wenn diese in der Anwendung nicht völlig identisch sind, lassen sich die in der Folge aufgezeigten Ideen in der Regel unabhängig von der konkreten Plattform umsetzen.

---

[1] Moodle selbst sieht sich als Softwarepaket, um internetbasierte Kurse zu entwickeln und durchzuführen. Moodle (2019). Onlinequelle.

[2] Online Schule Saarland (o. J.). Onlinequelle.

S. Georg, *Möglichkeiten zur E-Learning-gestützten Lehre*, essentials, https://doi.org/10.1007/978-3-658-36821-0_4

Der Modulverantwortliche

Lernen Sie hier den Modulverantwortlichen Prof. Dr. Stefan Georg kennen.

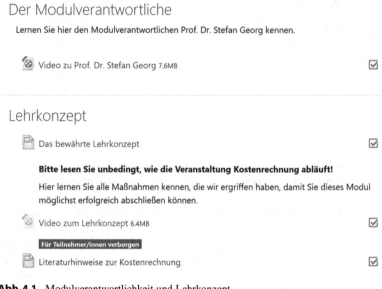

Lehrkonzept

Abb. 4.1 Modulverantwortlichkeit und Lehrkonzept

4.2 Modulverantwortlichkeit und Konzept

Der Kurs startet mit der Vorstellung des Modulverantwortlichen in Form eines kurzen Präsentationsvideos. Zudem sind das Lehrkonzept und Literaturhinweise zur Kostenrechnung[3] jeweils als Textseite integriert. Wie Sie sehen, ist es auch möglich, einzelne Inhalte für Teilnehmerinnen und Teilnehmer auszublenden, wie es an dieser Stelle jetzt einmal beispielhaft mit dem Video zum Lehrkonzept gemacht wurde. Abb. 4.1 zeigt den Aufbau der ersten Elemente des Kurses zur Kostenrechnung.

▶ **Tipp** Mit der Vorstellung des Modulverantwortlichen wird den Studierenden in diesem Fall die Zuständigkeit für den Kurs direkt deutlich. Das ist insbesondere dann wichtig, wenn sich wie im Praxisfall hier ein kleines Team die Lehre im Kurs teilt.

---

[3] Zwar gibt es ein auf die Veranstaltung zugeschnittenes Lehrbuch (Georg, S.: Das Taschenbuch zur Kostenrechnung, ISBN: 978-3-74676-002-5), es ist aber prinzipiell in einem Studium immer sinnvoll, dass die Studierenden mehr als nur ein Buch zum Studium heranziehen.

Mitentscheidend für den Erfolg der Lehre ist, dass die Studierenden das Lehrkonzept verstanden haben.[4] Es wird deshalb ausführlich erläutert und ist an dieser Stelle einmal im Detail dargestellt:

Das bewährte Lehrkonzept
Dank der Pandemie ist alles anders! NEIN, das stimmt so nicht. Denn wir (Stefanie Scherer, Alexander Hamman und Stefan Georg) können unser bewährtes Konzept der letzten Jahre für die **Veranstaltung Kostenrechnung** ideal auf das Studienjahr 2021/2022 übertragen. Und das geht so:

„Sage es mir, und ich vergesse es,
zeige es mir, und ich erinnere mich,
lass es mich tun, und ich behalte es."

Dieses Zitat von Konfuzius beschreibt sehr gut das Konzept der Vorlesung Kostenrechnung im Bachelorstudiengang Wirtschaftsingenieurwesen an der htw saar. Schon **seit dem WS 2013/2014** verfolgen wir das folgende, sehr erfolgreiche Veranstaltungskonzept (geringere Quoten nicht-bestandener Prüfungen, hoher Anteil guter und sehr guter Prüfungsleistungen).
SIE ERARBEITEN SICH DEN LEHRSTOFF SELBSTSTÄNDIG VOR JEDER LEHRVERANSTALTUNG, UND WIR STEHEN IHNEN IN DEN REGELMÄSSIGEN LEHRVERANSTALTUNGEN ALS COACH ZUR VERFÜGUNG!
Das bedeutet, dass wir schon seit vielen Jahren auf ein hohes Maß an Eigeninitiative der Studierenden setzen, was sich ja auch in den ECTS-Punkten ausdrückt. 5 ECTS-Punkte bedeuten, dass sich durchschnittlich begabte Studierende 150 h mit dem Lehrstoff auseinandersetzen! Zwar haben wir für dieses Konzept keinen coolen Namen, aber es funktioniert, und nur das zählt für uns.
Für das **Studienjahr 2021/2022** gibt es aber tatsächlich aufgrund der andauernden Pandemie auch ein paar Änderungen. Eine davon betrifft die Organisation der Lehrveranstaltungen. Die Veranstaltung Kostenrechnung besteht wie immer aus einem Vorlesungsteil und einem Übungsteil, das hat sich nicht geändert, aber:
Den **Vorlesungsteil** hat Stefan Georg komplett aufgezeichnet und stellt ihn Ihnen in Form kurzer **Lernvideos** auf dieser Plattform zur Verfügung. Das hat den Nachteil, dass Sie Herrn Georg nicht live erleben können. Andererseits hat das den Vorteil, dass Sie sich die Lerninhalte so oft anhören können, wie Sie wollen. Denken Sie daran, in einer Live-Veranstaltung vor Ort spricht Herr Georg genau einmal zu Ihnen. Wenn Sie es dann nicht verstanden haben… so aber können Sie sich die

---

[4] Zur Bedeutung von Lehrkonzepten für die Lehre siehe auch Stöhler (2018). Onlinequelle.

Videos immer wieder anschauen und haben damit beste Möglichkeiten, den Lehrstoff auch zu erfassen. **Außerdem gewinnen wir dadurch zusätzliche Lehrzeit:**
und diese nutzen wir, um Ihnen zusätzliche Aufgaben anzubieten, die Stefan Georg
individuell korrigieren wird.

Den **Übungsteil** haben wir in diesem Studienjahr zweigeteilt:

Alexander Hamman bietet Ihnen wöchentlich zu dem in Ihrem Stundenplan aus-
gewiesenen Termin eine **90-minütige Lehrveranstaltung** live vor Ort an der htw
saar und eine 90-minütige Lehrveranstaltung über Moodle an. Sie haben also die
Wahl, ob Sie einen Präsenztermin an der htw saar oder einen Online-Termin bevor-
zugen! In dieser Veranstaltung beantwortet er all Ihre Fragen zu den Theoriefragen
und Aufgaben der jeweiligen Woche. Er wird (und das machen wir NIE) aber nicht
jede einzelne Aufgabe vollständig vorrechnen. Denken Sie daran, unser Konzept
sieht vor, dass Sie mit den von uns angegeben Quellenhinweisen die Fragen und
Aufgaben zunächst selbständig bearbeiten.

Zusätzlich haben wir – und das ist ein erstes Zusatzangebot für Sie – in unseren
Kurs 3 Feedbackaufgaben eingebaut. Ihre (hochgeladenen Lösungen) zu diesen 3
Feedbackaufgaben wird Stefanie Scherer prüfen und Ihnen zu Ihren Lösungen über
Moodle Feedback geben (daher der Name der Aufgaben). Die Feedbackaufgaben
haben für Sie zwar „nur" Übungszweck, Sie sollten Sie aber dennoch lösen, denn
sie bereiten Sie auf die Prüfung vor.

Ganz neu in diesem Wintersemester 2021/2022 ist zudem: Stefan Georg nutzt
die freigewordene Lehrzeit und bietet Ihnen eine Art **Probeprüfung** in mehreren
Stufen an. Diese haben wir in diesem Kurs als **Wiederholungsaufgaben** erfasst. Die
Wiederholungsaufgaben entsprechen exakt den Aufgaben, die im WS 2020/2021
die Prüfung gebildet haben. Sie erhalten aber nicht eine Probeprüfung am Ende
des Semesters, sondern mehrere Teilprobeprüfungen, die Sie dazu anhalten sollen,
den Lehrstoff regelmäßig zu erarbeiten und zu wiederholen. Und natürlich korrigiert
Stefan Georg Ihre Lösungen, sodass Sie Feedback zu Ihrem Leistungsstand erhalten.
Wichtig in diesem Zusammenhang ist noch: 1) Sie erwerben mit den Probeprüfungen
keine Punkte für die Abschlussklausur, es handelt sich wirklich nur um Proben und 2)
Sie müssen die (demnach freiwilligen) Probeprüfungen in einem engen Zeitfenster
ablegen. Wir wollen Sie nämlich dazu bringen, dass Sie regelmäßig arbeiten und
wir wollen die Klausursituation simulieren. Deshalb können Sie die Proben nicht
einfach irgendwann bearbeiten, sondern nur zu festgelegten Terminen mit einer
jeweils definierten Bearbeitungszeit.

Damit unsere Methode des Lehrens und Lernens erfolgreich in der Kostenrechnung umzusetzen ist, erhalten Sie von uns die folgende Unterstützung:

1. Sie erhalten über den hier angegebenen Link eine Datei mit 88 Leitfragen, die den Stoff beschreiben, den Sie für die Prüfung beherrschen müssen. (Link zu: **Leitfragen und Lernziele zur Kostenrechnung 2019/2020**) Ja, richtig, es handelt sich um die Leitfragen und Lernziele aus dem Studienjahr 2019/2020, denn Sie sollen sehen, dass wir das Programm der letzten Jahre auf das aktuelle Studienjahr übertragen können. Zusätzlich haben wir die relevanten Leitfragen aber auch jedem Kapitel unseres Kostenrechnungskurses beigefügt. Sie brauchen oben genannte Datei zu den Leitfragen und Lernzielen also nur, wenn Sie alle Fragen in einer Datei haben wollen. Achtung: Die Theorie wird in der Abschlussprüfung über einen Lückentext abgefragt! Diesen können Sie sehr gut und sollten ihn auch über das Quiz zur Kostenrechnung üben: https://www.wiin-kostenmanagement.de/quiz-zur-kostenrechnung/

2. Außerdem erhalten über den untenstehenden Link einen Katalog von insgesamt 53 Übungsaufgaben, die Sie unbedingt lösen sollten (und zwar so lange, bis Sie diese fehlerfrei beherrschen). Auch hier haben wir das Übungsprogramm 1 zu 1 aus dem Vorjahr übernehmen können. (Link zu: Übungsaufgaben zur Kostenrechnung 2019/2020). Zusätzlich haben wir die jeweils relevanten Übungsaufgaben ebenfalls den einzelnen Kapiteln zugeordnet.

3. Zusätzlich lesen Sie in diesem Kurs für jedes Kapitel (Modul) eine präzise Beschreibung der Internetquellen, die Ihnen bei der Erarbeitung der Themen und der Lösung der Aufgaben in einem ersten Schritt helfen können, und wir empfehlen Ihnen, diese Quellen zu nutzen. Darüber hinaus sollten Sie sich unbedingt mit einem Buch zur Kostenrechnung auseinandersetzen. Literaturhinweise haben wir Ihnen hier im Kurs in einem eigenen Punkt zusammengestellt.

4. **Nach jedem Kapitel (Modul)** gibt es in diesem Kurs einen kleinen **Zwischentest.** Dabei handelt es sich um einen Lückentext oder um Multiple-Choice-Fragen. Diese Zwischentests sind zwar kein Bestandteil Ihrer Abschlussprüfung, Sie müssen sie aber erfolgreich absolvieren, damit Ihnen das nächste Kapitel freigeschaltet wird. Auf diese Weise erhalten Sie regelmäßig zusätzliches Feedback, ob Sie die *Lernziele* erreicht haben. Sie haben übrigens eine unbegrenzte Anzahl von Versuchen, um diese Tests zu bestehen. Aber sollten Sie den Test einmal nicht bestehen, ist er für 30 min gesperrt und kann erst danach wiederholt werden.

5. Sie erhalten in diesem Kurs einen Terminplan für das gesamte Studiensemester. Darin wird für jeden Veranstaltungswoche festgelegt, welche Leitfragen VON IHNEN SELBSTSTÄNDIG zu beantworten und welche Übungsaufgaben EBENFALLS VON IHNEN SELBSTSTÄNDIG zu lösen sind. Sie bereiten

sich somit individuell auf die Veranstaltungen mit Ihren Antworten zu den Leit-
fragen und Ihren Lösungen zu den Aufgaben vor, sodass wir in den (Online-)
Veranstaltungen alle Probleme klären können, die bei Ihrer Arbeit aufgetreten
sind. Die selbständige Arbeit ist ein Kernelement eines jeden Studiums. Denken Sie daran, Sie erhalten für dieses Modul 5 ECTS-Punkte, was 150 h Arbeit
Ihrerseits bedeutet (gemessen für die/den „durchschnittlichen" Studierenden).
Von den 150 h bieten wir Ihnen hier 30 h über die (Online-)Übung durch Herrn
Hamman an. Da ist noch reichlich Zeit für die Sichtung der Lernvideos, die Feedbackaufgaben, die Probeprüfungen in Form der Wiederholungsaufgaben und das
eigene Arbeiten…

Und denken Sie daran:

IN DER VERANSTALTUNG VON HERRN HAMMAN STEHT DIE **PRO-
BLEMKLÄRUNG** IM VORDERGRUND. ES GIBT KEINEN FRONTALUN-
TERRICHT MIT VOLLSTÄNDIGER BESPRECHUNG ALLER FRAGEN UND
AUFGABEN! WER NICHT VORBEREITET IST, WIRD PROBLEME HABEN,
IN DER VERANSTALTUNG DEM DOZENTEN ZU FOLGEN.

Was müssen Sie jetzt noch tun, bevor es losgehen kann:

1. Lesen Sie, wie die Prüfung dieses Moduls organisiert ist.
2. Schauen Sie sich den vollständigen Terminplan an.
3. Decken Sie sich mit Literatur ein (Hinweise gibt es in diesem Modul oder auch
   auf: https://www.wiin-kostenmanagement.de/vorlesung-kostenrechnung/).

▶   **Tipp** Häufig wird im Rahmen von Evaluationen abgefragt, ob die
     Lehrveranstaltung einem klaren Konzept folgt. Das zeigt, wie wichtig
     es ist, den Lernenden den Aufbau und Ablauf der Lehrveranstal-
     tung zu erklären. Auch wenn das etwas Zeit in Anspruch nimmt, so
     erscheint diese Zeit sinnvoll eingesetzt zu sein.

4.3 Organisation der Prüfung

Von großer Bedeutung für alle Studierenden ist immer die Organisation der Prüfung, in diesem Fall in Form einer Klausur. Aus diesem Grund erhalten die Kursteilnehmer und Kursteilnehmerinnen gleich zu Beginn alle wichtigen Informationen zur Prüfung. Hinweise dazu sind in Abb. 4.2 zusammengestellt.

▶ **Tipp** Auch in Schulen freuen sich Schülerinnen und Schüler, wenn ihnen im Vorfeld der Ablauf und die Struktur von Prüfungen erklärt wird. Die Informationen sollen auch zeigen, dass die Lehrenden um eine faire Prüfungsgestaltung bemüht sind.

Auch um den Studierenden ein wenig die Angst vor der Prüfung zu nehmen, sind zudem in Kapitel *Organisation der Prüfung* zusätzliche Hinweise aufgeführt, wie das Dozierendenteam die Lernenden auf die Prüfung vorbereitet (Abb. 4.3):

Organisation der Prüfung

Die Studien- und Prüfungsordnung sieht als Prüfungsleistung im Modul Kostenrechnung eine **Klausur** am Ende des Semesters vor.

Im Rahmen der Klausur werden sowohl theoretische Sachverhalte als auch anwendungsbezogene Sachverhalte geprüft:

- Die theoretischen Sachverhalte werden mittels eines Lückentextes überprüft werden. Ein Beispiel dazu: "_____ entsprechen dem bewerteten Verzehr von Gütern und Dienstleistungen im Rahmen der betrieblichen Leistungserstellung." Sie müssen die Lücke nur mit der richtigen Antwort ("Kosten") füllen.
- Die anwendungsbezogenen Sachverhalte werden vor allem in Form von Rechenaufgaben geprüft, wie sie in diesem Kurs in Form der Übungsaufgaben trainiert werden.

Natürlich verlangt eine Hochschulklausur, dass die Übungaufgaben nicht 1 zu 1 in der Klausur drankommen. Die Verwendung von Übungsaufgaben in der Klausur mag durchaus auch der Fall sein, aber nicht nur. Es ist bewusst gewollt, dass es in der Klausur auch bei einzelnen Klausuraufgaben notwendig sein wird, dass Sie einmal nachdenken müssen, weil die Lösung ein wenig von der Norm abweicht. Dennoch sind die Übungsaufgaben ein sehr gutes Klausurtraining.

Um Sie bestmöglich auf die Prüfungsleistung vorzubereiten, haben wir nach jedem Kapitel einen **Zwischentest** in diesen Kurs eingebaut. Diese Zwischentests sind zwar KEIN Bestandteil der Prüfungsleistung; das nächste Kapitel (Modul) im Moodle-Kurs wird Ihnen aber nur freigeschaltet, wenn Sie den vorangehenden Zwischentest bestanden haben. Auf diese Weise erhalten Sie immer Feedback, dass Sie die Lernziele erreicht haben.

Abb. 4.2 Organisation der Prüfung

Wie bereiten wir Sie also auf die Klausur vor:

1. Sie erhalten Lernvideos im Kurs zu den theoretischen Sachverhalten.

2. Sie erhalten Lernfragen, die Sie selbstständig lösen sollen und deren Antworten Sie in der Übungsveranstaltung bei Herrn Hamman überprüfen können.

3. Sie erhalten Übungsaufgaben, die Sie selbstständig lösen sollen und deren Antworten Sie in der Übungsveranstaltung bei Herrn Hamman überprüfen können.

4. Sie erhalten ab und an in den jeweiligen Kapiteln (Modulen) Zusatzaufgaben, die Sie auch selbstständig lösen sollten, zu denen Ihnen aber die Musterlösung im Kurs zur Verfügung gestellt wird.

5. Sie erhalten Feedbackaufgaben, die Sie selbstständig lösen sollten. Frau Scherer wird Ihre Lösungen individuell korrigieren.

6. Sie erhalten Wiederholungsaufgaben als Probeprüfungsaufgaben, die Sie in einem engen Zeitfenster bearbeiten müssen. Stefan Georg wird Ihre Lösungen individuell korrigieren.

7. Sie haben auf https://www.wiin-kostenmanagement.de/quiz-zur-kostenrechnung/ die Möglichkeit, die theoretischen Sachverhalte zu üben.

8. Mit Hilfe von Learning Snacks haben Sie die Möglichkeit, Ihren Wissensstand zu erweitern und zu überprüfen. Die Learning Snacks sind den einzelnen Kapiteln zur Kostenrechnung zugeordnet.

9. Mit den Zwischentests im Kurs überprüfen Sie regelmäßig Ihr Wissen.

Abb. 4.3 Vorbereitung auf die Prüfung

4.4 Terminplan

Wichtiger Bestandteil der Kursorganisation ist auch der Terminplan, der in Abb. 4.4 exemplarisch dargestellt ist:

Sie können erkennen, dass im Terminplan eine Textseite zu Terminen, Fragen und Aufgaben im Überblick enthalten ist. Diese Textseite ist entsprechend der folgenden Abb. 4.5 (Ausschnitt aus dem Gesamtplan) aufgebaut:

▶ **Tipp** Die Angabe möglicher Quellen, die bei der Erarbeitung des Lehrstoffe Verwendung finden können, hilft den Lernenden dabei, den Einstieg in die Thematik zu finden. Der Autor beobachtet, dass in Schulen oftmals Schulbücher beschafft werden, die dann im Schulalltag überhaupt nicht genutzt werden. Gerade hier ist es sinnvoll, einen

Terminplan

Hier finden Sie die zeitliche Reihenfolge der einzelnen Themen zur Kostenrechnung.

 Termine, Fragen und Aufgaben im Überblick

Hier finden Sie einen Überblick, welche Themen Sie für die einzelnen Veranstaltungswochen vorbereiten müssen.

Woche 1:

Achtung, die erste Woche dient dazu, dass Sie sich mit dem Konzept der Lehrveranstaltung vertraut machen, dass Sie sich mit Literatur zur Kostenrechnung ausstatten und dass Sie die Lösungen zu den Fragen und Aufgaben für Woche 2 **selbstständig erarbeiten**.

In Woche 2 werden die dort angegebenen Fragen und Aufgaben thematisiert, indem Ihnen Herr Hamman in der Übungsveranstaltung Ihre Fragen zur Ihren Lösungen ausführlich beantwortet. Zusätzlich werden Sie in Woche 2 die Lösungen zu den Fragen und Aufgaben zu Woche 3 selbstständig erarbeiten.

Terminplan Ihrer Probeklausuraufgaben (Wiederholungsaufgaben)

Mittwoch, 08.12.2021, 14 bis 21 Uhr, Dauer: 20 Minuten

Mittwoch, 05.01.2022, 14 bis 21 Uhr, Dauer: 20 Minuten

Mittwoch, 19.01.2022, 14 bis 21 Uhr, Dauer: 20 Minuten

Abb. 4.4 Terminplan

Termine, Fragen und Aufgaben im Überblick

Woche 1: Machen Sie sich mit unserem Konzept vertraut, organisieren Sie sich die benötigte Literatur und beginnen Sie damit, selbstständig die Fragen und Aufgaben für Woche 2 vorzubereiten! Es ist wichtig, dass Sie die Fragen und Aufgaben der folgenden Woche stets vorbereitet haben, wenn Ihnen Ihre Fragen dazu in der Übungsveranstaltung von Herrn Hamman beantwortet werden.

Woche 2: Modul 1: Was sind Kosten? Abgrenzung der Strömungsgrößen

Fragen 1 bis 6, Aufgabe 1 bis 5

https://www.wiin-kostenmanagement.de/grundlagen-kostenrechnung/

https://www.wiin-kostenmanagement.de/definition-von-kosten/

https://www.wiin-kostenmanagement.de/neutraler-aufwand-kalkulatorische-kosten/

Abb. 4.5 Termine, Fragen und Aufgaben im Überblick

Bezug der Fachthemen zum Schulbuch über entsprechende Literaturhinweise herzustellen. Dies hilft den Schülerinnen und Schülern dabei, das Schulbuch auch dann zu nutzen, wenn es im Unterricht selbst nicht benötigt wurde. Im Studium glauben ohnehin viele Studierende, ein Lehrbuch sei nicht notwendig, da in der Regel keine verbindlichen Literaturlisten ausgegeben werden. Durch die Angabe von Quellenhinweisen bzw. Literaturhinweisen im Kurs können die Lernenden dazu angehalten werden, auch einmal ein Fachbuch zu nutzen.

Praxisbeispiel Kostenrechnung (Lerninhalte)

5

5.1 Genutzte E-Learning-Komponenten

Im Kurs zur Kostenrechnung kommen zahlreiche unterschiedliche E-Learning-Komponenten zum Einsatz. Diese sind anhand des ersten Kapitels, vorgesehen für die zweite Lehrwoche im Semester, entsprechend der Abb. 5.1 erläutert.

Abb. 5.1 zeigt bereits, dass neben den konkreten Arbeitsanweisungen, den Lern- und Leitfragen sowie den Übungsaufgaben auch ein Lernvideo, ein Learning Snack sowie eine Zusatzaufgabe mit Musterlösung genutzt werden.

▶ **Tipp** Mit vielfältigen Lernmaterialien kann ein Kurs abwechslungsreich gestaltet werden. Dies ist letztlich ein großer Vorteil gegenüber den oftmals immergleichen Vorlesungen und Übungen im Alltag der Präsenzlehre.

5.2 Wöchentliche Arbeitsanweisungen

In den Arbeitsanweisungen wird den Studierenden wochenweise erklärt, wie sie vorzugehen haben, um den Lehrstoff zu erfassen. „Eine Arbeitsanweisung stellt eine Vorgabe für die ordnungsgemäße Ausführung einer bestimmten Arbeit dar."[1] Beispielhaft seien hier die Arbeitsanweisungen für das oben dargestellte Kapitel zu den Grundlagen der Kostenrechnung aufgeführt:

---

[1] Unterweisung Plus (o. J.). Onlinequelle.

Grundlagen der Kostenrechnung

Woche 2: Lernen Sie im Modul 1 die Grundlagen der Kostenrechnung kennen. Öffnen Sie dazu die jeweiligen Arbeitsanweisungen.

Arbeitsanweisungen zu Modul 1: Grundlagen der Kostenrechnung ☑

Folgen Sie den Arbeitsanweisungen zu Modul 1: Grundlagen der Kostenrechnung

Lern- und Leitfragen zu Modul 1 ☑

Übungsaufgaben zu den Grundlagen der Kostenrechnung ☑

Lernvideo zu den Strömungsgrößen 2.9MB ☑

Im Video werden Ihnen in kompakter Form Einzahlungen und Auszahlungen, Einnahmen und Ausgaben, Ertrag und Aufwand sowie Leistungen und Kosten vorgestellt.

Learning Snack zu den Strömungsgrößen ☑

Wenn Sie testen wollen, ob Sie mit den Strömungsgrößen klarkommen, können Sie den folgenden Learning Snack nutzen.

Zusatzaufgabe zu Modul 1 ☑

Lösung zur Zusatzaufgabe von Modul 1 ☑

Abb. 5.1 Aufbau des Wochenplans

Lernen Sie im Modul 1 die Grundlagen der Kostenrechnung auf https://www.wiin-kostenmanagement.de/grundlagen-kostenrechnung/ kennen. Dabei geht es vor allem um die Beantwortung der folgenden Fragen:

1. Was sind Kosten? Wie lassen sich die Strömungsgrößen voneinander abgrenzen?

Lesen Sie dazu auch den Abschnitt https://www.wiin-kostenmanagement.de/definition-von-kosten/.

Wenn Sie den Text verstanden haben, können Sie auch die Aufgaben 1 bis 3 aus dem Übungsprogramm lösen. Das gesamte Übungsprogramm steht Ihnen auf https://www.wiin-kostenmanagement.de/vorlesung-kostenrechnung/als pdf-Datei zur Verfügung.

Danach geht es in einem zweiten Schritt um folgende Frage:

2. Welche Besonderheiten gibt es bei neutralem Aufwand und kalkulatorischen Kosten?

Lesen Sie dazu auch den Abschnitt https://www.wiin-kostenmanagement.de/neu traler-aufwand-kalkulatorische-kosten/
Danach können Sie die Aufgaben 4 und 5 des Übungsprogramms bearbeiten.

▶ **Tipp** Gehen Sie einmal davon aus, dass viele Lernende, welche die Arbeitsanweisungen befolgen, auch nicht mehr arbeiten, als in den Arbeitsanweisungen steht. Insofern sollten Sie diese entsprechend ausführlich formulieren.

5.3 Lern- und Leitfragen sowie Übungsaufgaben

Die Lern- und Leitfragen klären, welche Lerninhalte von den Studierenden erarbeitet und gelernt werden müssen. Sie sind damit ein wesentlicher Bestandteil zur Aufrechterhaltung der Qualität der Lehre.[2] Auch zur Darstellung der Lern- und Leitfragen sei noch einmal auf das bereits bekannte Kapitel zur Kostenrechnung zurückgegriffen:

Lern- und Leitfragen zu Modul 1
Modul 1: Was sind Kosten?

1. Welche Strömungsgrößen gibt es, und wie sind diese definiert?
2. Welche Beispiele für Strömungsgrößen kennen Sie?
3. Welche Strömungsgrößen finden in der Liquiditätsplanung/-rechnung und welche in der Erfolgsplanung/-rechnung (insb. Kostenrechnung) Berücksichtigung?
4. Wie lassen sich neutraler Aufwand und kalkulatorische Kosten abgrenzen?
5. Welche Arten von neutralem Aufwand und kalkulatorischen Kosten kennen Sie?
6. Welche Beispiele können Sie für neutralen Aufwand und für kalkulatorische Kosten geben?

Darüber hinaus sind die zu bearbeitenden Übungsaufgaben formuliert. In der folgenden Abb. 5.2 sehen Sie dazu einen Ausschnitt:

---

[2] Zur Qualität der Lehre siehe auch Kiendl-Wendner (2016), S. 243–261.

Übungsaufgaben zu den Grundlagen der Kostenrechnung   ✿ ·

Aufgabe 1

Diskutieren Sie die beiden folgenden Sachverhalte:

a)

Ein landwirtschaftlicher Betrieb entnimmt aus einem nahegelegenen Weiher – unbemerkt von anderen und damit ohne etwas dafür zu bezahlen – Wasser zum Gießen seiner Kartoffelpflanzen. Resultieren aus dem Wasserverbrauch (Material-) Kosten? (Hinweis: Dass das Wasser aus dem Weiher auf den Acker gelangen muss, ist bei dieser Frage außer Acht u lassen. Es geht nur darum zu klären, ob das Wasser selbst in diesem Fall etwas kostet.)

b)

In der Zeitung ist zu lesen, eine Stadt erstelle ein neues Bürgerhaus mit einem *Kostenaufwand* von 4 Millionen Euro. Wie muss dies betriebswirtschaftlich richtig heißen?

Abb. 5.2 Integration von Übungsaufgaben

▶ **Tipp** Dadurch, dass die Theoriefragen (Lern- und Leitfragen) und die Übungsaufgaben thematisch passend zusammenhängend im Kurs aufgeführt sind, sehen die Lernenden, welche Arbeiten Sie bis zum Abschluss eines Kapitels/Moduls geleistet haben müssen. Damit wird mehr Übersichtlichkeit für die Kursteilnehmer geschaffen.

5.4   Einsatz von Lernvideos zur Kostenrechnung

Das Lernvideo ist direkt in das E-Learning-System integriert. Inzwischen besteht an der Hochschule für Technik und Wirtschaft des Saarlandes auch die Möglichkeit, die Videos stattdessen in einer zentralen Datenbank abzulegen. Per Link kann man dann über die Datenbank auf das jeweilige Video zuzugreifen. Damit müssen Videos, die in mehreren Kursen genutzt werden, nur noch einmal gespeichert werden. Im konkreten Einzelfall dauert das Lernvideo nur wenige Minuten (Abb. 5.3).

Lernvideo zu den Strömungsgrößen ⚙

Im Video werden Ihnen in kompakter Form Einzahlungen und Auszahlungen, Einnahmen und Ausgaben, Ertrag und Aufwand sowie Leistungen und Kosten vorgestellt.

Abb. 5.3 Integration von Lernvideos

▶   **Tipp** Halten Sie die Lernvideos eher kurz und übersichtlich, um die Betrachter nicht mit Informationen zu überfrachten. Auch die Aufmerksamkeit kann so hochgehalten werden.

5.5   Integration und Aufbau von Learning Snacks

Im Kapitel zu den Grundlagen der Kostenrechnung ist auch ein Learning Snack verlinkt. Das Lernhäppchen selbst befindet sich auf einer externen Webseite, die von jedermann kostenlos genutzt werden kann.

Beim Start des Learning Snacks zu den Strömungsgrößen[3] (eingebettet als Link: https://www.learningsnacks.de/share/90948/) öffnet sich ein kurzes Chat-ähnliches Textfeld, das erste Lehrinhalte vermittelt. Ein Beispiel dazu ist in Abb. 5.4 dargestellt.

In der Folge wird der Learning Snack um weitere Textfelder ergänzt und um Quizfragen erweitert.[4] Abb. 5.5 zeigt eine mögliche in den Learning Snack integrierte Quizfrage.

---

[3] Learning Snacks (o. J. b). Onlinequelle.
[4] Learning Snacks (o. J. b). Onlinequelle.

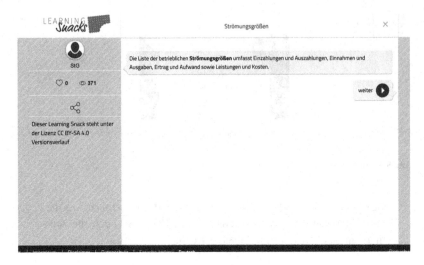

Abb. 5.4 Learning Snack zu den Strömungsgrößen

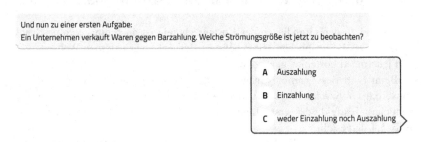

Abb. 5.5 Quizfragen im Learning Snack

Wurde die Aufgabe bearbeitet, erhält die Nutzerin/der Nutzer Feedback zur gewählten Antwort, bevor in diesem Beispiel eine weitere Quizfrage folgt. Abb. 5.6 gibt dazu ein Beispiel.

In diesem Stil sind weitere Lerninhalte und Quizfragen in die Learning Snack integriert, sodass die Teilnehmerinnen und Teilnehmer ihr Wissen erweitern können.

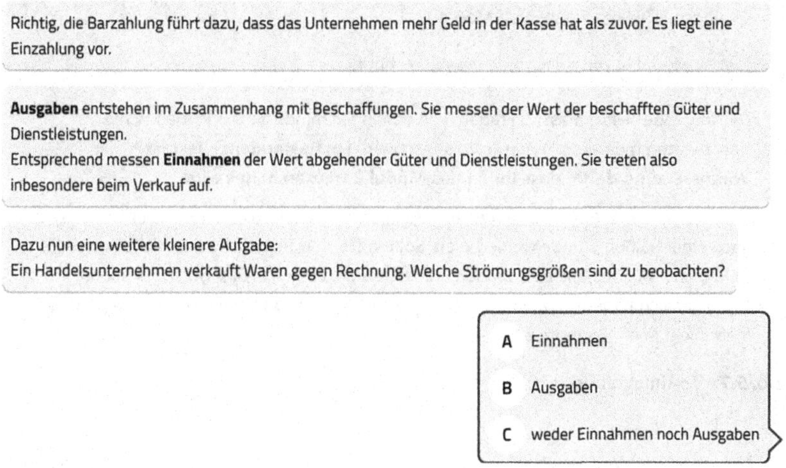

Richtig, die Barzahlung führt dazu, dass das Unternehmen mehr Geld in der Kasse hat als zuvor. Es liegt eine Einzahlung vor.

Ausgaben entstehen im Zusammenhang mit Beschaffungen. Sie messen der Wert der beschafften Güter und Dienstleistungen.
Entsprechend messen **Einnahmen** der Wert abgehender Güter und Dienstleistungen. Sie treten also inbesondere beim Verkauf auf.

Dazu nun eine weitere kleinere Aufgabe:
Ein Handelsunternehmen verkauft Waren gegen Rechnung. Welche Strömungsgrößen sind zu beobachten?

A   Einnahmen

B   Ausgaben

C   weder Einnahmen noch Ausgaben

Abb. 5.6 Integration von Feedback

▶ **Tipp** Ein Learning Snack sollte nur etwa 5 min Bearbeitungszeit für die Nutzer bedeuten, damit sie nicht das Interesse verlieren und aufmerksam bleiben. Zusätzlich ist so auch die Zeit vertretbar, welche die Lehrenden einsetzen müssen, um das Lernhäppchen zu erstellen.

5.6 Übungsaufgaben mit Musterlösung und Abschlusstest

Das Kapitel zu den Grundlagen zur Kostenrechnung enthält zudem eine weitere Übungsaufgabe, welche die Kursteilnehmerinnen und -teilnehmer zunächst selbstständig bearbeiten können. Da aber auch die Musterlösung in einer eigenen Datei hinterlegt ist, kann die selbst erarbeitete Lösung auch eigenständig überprüft werden.

Als weitere Besonderheit ist der abschließende Test zum Lehrstoff des Kapitels Grundlagen der Kostenrechnung zu nennen, der sich direkt an den Link zur Musterlösung der vorangehenden Aufgabe anschließt. Der Abschlusstest ist in der folgenden Abb. 5.7 beschrieben:

Lösung zur Zusatzaufgabe von Modul 1   ☑

Test zu Modul 1: Grundlagen der Kostenrechnung   ☑

Der folgende Test umfasst 5 Fragen, von denen Sie mindestens 3 Fragen richtig
beantworten müssen, um den Test zu bestehen. **Ein bestandener Test ist
Voraussetzung dafür, dass Ihnen das Modul 2 freigeschaltet wird.**

Achtung: Wenn Sie den Test ein erstes Mal nicht bestehen, können Sie ihn frühstens
nach einer halben Stunde wiederholen. Sollten Sie den Test auch dann nicht bestehen,
müssen Sie mindestens eine Stunde warten, bis Sie es nochmal probieren können.
Grundsätzlich haben Sie aber eine unbegrenzte Anzahl von Versuchen. Das Testergebnis
fließt nicht in die Endnote ein.

Abb. 5.7   Testintegration

Um welche Strömungsgröße handelt es sich?   ☐ Fragen mischen ⚙

Seite 1

1	⚙ **Strömungsgrößen I** Um welche Strömungsgröße handelt es sich, wenn vom WERT ZUGEGANGENER GÜTER gesproch... ⚡	1,00 ✏
2	⚙ **Strömungsgrößen II** Unter _____ versteht man den BEWERTETEN VERBRAUCH VON GÜTERN UND DIENS... ⚡	1,00 ✏
3	⚙ **Strömungsgrößen III** Kosten, denen kein Aufwand gegenübersteht (auch nicht in anderer Höhe) heißen _____ (G... ⚡	1,00 ✏
4	⚙ **Strömungsgrößen IV** Die Bezahlung von Waren, die bereits in der Vergangenheit beschafft wurden und erst in der Zu... ⚡	1,00 ✏
5	⚙ **Strömungsgrößen V** Wenn Sie von einem Material, das eine Rechnungssumme von 100 Euro hat und für das Sie nach... ⚡	1,00 ✏

Abb. 5.8   Aufbau der Testfragen

Der Test selbst besteht in diesem Fall als Lückentext aus 5 Aussagen, bei
denen die fehlenden Lücken durch den richtigen Begriff zu füllen sind. Die nachfolgende Abb. 5.8 zeigt einen Ausschnitt aus dem Test. In diesem Fall sind alle
Fragen gleich gewichtet; als Administrator des Moduls hat man aber auch die
Möglichkeit, die Gewichtung der einzelnen Fragen zu verändern.[5] Zudem kann
man auf der Administrationsebene auch festlegen, wie viele Punkte mindestens
erreicht werden müssen, damit der Test als bestanden gilt.

▶   **Tipp**   Mit dem Bestehen des Tests kann auch eine Auszeichnung – ein
        Badge – verliehen werden, um den Anreiz zur erfolgreichen Teilnahme
        am Test zu stärken. Letztlich geht es aber beim Test vor allem darum,
        den Lernenden Feedback zu geben, ob sie die Lernziele auch erreicht
        haben.

───────────────────

[5] Moodle (2020b). Onlinequelle.

Der Test kann in diesem Fall beliebig häufig wiederholt werden, jedoch ist eine Wiederholung frühestens 30 min nach dem Nichtbestehen möglich. Auch diese Einstellungen lassen sich auf der Administrationsebene ändern.

▶ **Tipp** Wird eine Sperrfrist zur Wiederholung des Tests eingebaut (wie es hier im Praxisbeispiel erfolgt ist), soll vermieden werden, dass die Lernenden den Test „auf gut Glück" probieren. Es soll sich letztlich hier nicht um ein Glücksspiel, sondern um eine Wissensabfrage handeln.

Nur, wer den Test bestanden hat, kann zum nächsten Kapitel im Kurs zur Kostenrechnung vorangehen, denn das Bestehen des Tests wurde als Voraussetzung für den weiteren Kursverlauf definiert. Abb. 5.9 gibt ein Beispiel für die Definition der Voraussetzungen zur Fortführung des Kurses.

▶ **Tipp** Auch diese Einstellungen lassen sich selbstverständlich über die Administrationsebene der E-Learning-Plattform ändern. Hier wurde der Zwang zum Bestehen des Tests gewählt, damit die Studierenden einen (zusätzlichen) Anreiz haben, sich ernsthaft mit den Lerninhalten auseinanderzusetzen.

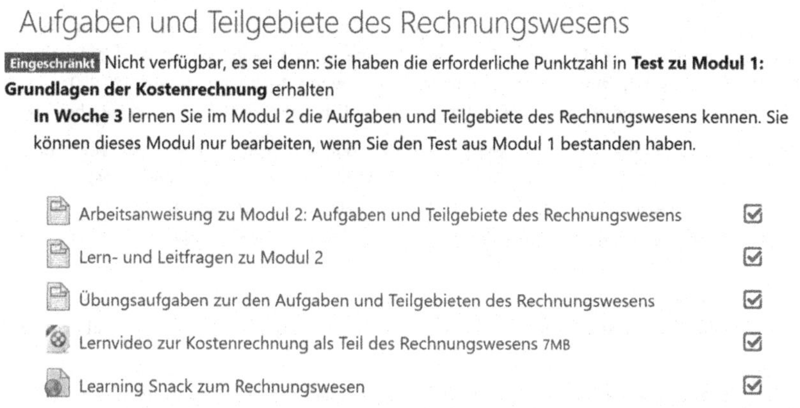

Aufgaben und Teilgebiete des Rechnungswesens

Eingeschränkt Nicht verfügbar, es sei denn: Sie haben die erforderliche Punktzahl in **Test zu Modul 1: Grundlagen der Kostenrechnung** erhalten

In Woche 3 lernen Sie im Modul 2 die Aufgaben und Teilgebiete des Rechnungswesens kennen. Sie können dieses Modul nur bearbeiten, wenn Sie den Test aus Modul 1 bestanden haben.

Arbeitsanweisung zu Modul 2: Aufgaben und Teilgebiete des Rechnungswesens ☑

Lern- und Leitfragen zu Modul 2 ☑

Übungsaufgaben zur den Aufgaben und Teilgebieten des Rechnungswesens ☑

Lernvideo zur Kostenrechnung als Teil des Rechnungswesens 7MB ☑

Learning Snack zum Rechnungswesen ☑

Abb. 5.9 Fortführung des Kurses

5.7   Feedbackaufgaben zur individuellen Betreuung

In einzelnen Kapiteln des Kurses wurden zusätzliche Feedbackaufgaben ergänzt. In diesem Fall erhalten die Lernenden eine weitere Aufgabe, deren Lösung sie im E-Learning-Kurs bis zu einem bestimmten Termin hochladen müssen. Die Dozierenden korrigieren diese Lösungen individuell und geben den Studierenden unmittelbar Feedback zur Lösungsqualität. Diese recht aufwendige Leistung vonseiten der Dozierenden ist immer dann möglich, wenn ausreichend Lehrdeputat zur Verfügung steht. Abb. 5.10 zeigt beispielhaft die Integration einer solchen Feedbackaufgabe in den Kurs zur Kostenrechnung.

Zusätzlich gibt es eine weitere Variante von Feedbackaufgaben. In diesem Fall müssen die Aufgaben, um die Prüfungssituation zu simulieren, zu einem bestimmten Zeitpunkt bearbeitet werden. Konkret handelt es sich im Beispiel zur Kostenrechnung um Aufgaben, wie sie zuletzt in der Prüfung gestellt wurden. Den Studierenden wird ein Zeitraum von 6 h eingeräumt, innerhalb dessen die Aufgabe zu bearbeiten ist. Mit Beginn der Bearbeitungszeit stehen dann aber nur

Feedbackaufgabe 1 zur Kostenartenrechnung

 Kalkulatorische Abschreibungen   ☑

ACHTUNG: DIE LÖSUNG ZUR FOLGENDEN AUFGABE MUSS ALS PDF-DATEI BIS
SPÄTESTENS 05.12.2021, 20 UHR HOCHGELADEN SEIN.

Eine Maschine hatte einen Anschaffungspreis von 50.000 Euro. Noch vor Inbetriebnahme
erhöht der Hersteller den Preis für die Maschine um 30%. Man rechnet damit, dass die
Maschine während Ihrer erwarteten Betriebsdauer von 4 Jahren insgesamt 120.000
Werkstücke bearbeiten kann und danach einen Liquidationserlös von 5.000 Euro bringt.

Zur Bestimmung der kalkulatorischen Abschreibungen stehen die lineare Abschreibung,
die geometrisch-degressive Abschreibung und die variable (leistungsabhängige)
Abschreibung sowohl auf Basis des Wiederbeschaffungspreises und auf Basis des
tursprünglichen Anschaffungspreises, jeweils unter Berücksichtigung des
Liquidationserlöses, zur Verfügung.

a) Mit welcher Methode lassen sich im 2. Betriebsjahr die höchsten kalkulatorischen
Abschreibungen bestimmen, wenn im Betrachtungsjahr 36.000 Werkstücke bearbeitet
wurden?

b) Warum könnte das Unternehmen Interesse an den höchsten (und nicht an den
niedrigsten) kalkulatorischen Abschreibungen haben?

Abb. 5.10   Integration von Feedback-Aufgaben

Wiederholungsaufgabe 1 zu den Grundlagen der Kostenrechnung

Eingeschränkt Nicht verfügbar, es sei denn:
- Zeit nach **8. Dezember 2021, 14:00**
- Zeit bis **8. Dezember 2021, 21:00**

Achtung: Mit dieser Aufgabe wird eine Prüfungssituation simuliert. Sie erwerben keine Punkte für die tatsächliche Prüfung in diesem Semester. Vielmehr geht es darum, Ihnen eine Probeprüfung zur Verfügung zu stellen!

Die Wiederholungsaufgabe 1 zu den Grundlagen der Kostenrechnung entspricht inhaltlich dem ersten Teil der Prüfungsleistung aus dem WS 2020/2021. Als Bearbeitungszeit sind 20 Minuten nach dem Start der Aufgabe angesetzt, wobei Sie maximal 20 Punkte erwerben können.

Zur Beantwortung der Aufgabe stehen Ihnen maximal 30 Zeilen im Online-Tool zur Verfügung.

Zur Erstellung der Lösung dürfen Sie Ihre Aufzeichnungen, Ihre Bücher und auch Internetquellen nutzen. Ausgeschlossen ist jedoch das Hinzuziehen anderer Personen.

Prof. Dr. Stefan Georg wird Ihnen Ihre Lösung so korrigieren, dass Sie sehen können, wieviele Punkte Sie in der Prüfung erreicht hätten!

Abb. 5.11 Simulation einer Prüfungssituation

30 min zum Lösen der Aufgabe und Hochladen der Lösung zur Verfügung. Ein Beispiel zur Prüfungssimulation ist in Abb. 5.11 veranschaulicht.

▶   **Tipp** Im Praxisalltag – gerade an Schulen – steht diese zusätzlich benötigte Zeit zur Korrektur leider oft nicht zur Verfügung. An manchen Hochschulen stellen aber Studierendenprojekte Teil des Lehrplans dar und können möglicherweise zur Betreuung und zum Coaching anderer Studierender genutzt werden.

5.8   Live-Veranstaltungen

Die **Sicherung des Lernfortschritts** erfolgt zusätzlich zum E-Learning-Angebot synchron über **Live-Veranstaltungen** (in Präsenz an der htw saar oder online über in das E-Learning-System integrierte Konferenzsoftware wie den BigBlue-Button[6]) **und** asynchron über **Einsendeaufgaben;** dabei findet während der Pandemie die komplette Lehre über die Lernplattform Moodle als E-Learning-System und das Plugin BigBlueButton statt. Im WS 2021/2022 findet die Live-Veranstaltung (weitgehend durchgängig) einmal pro Woche über Moodle und zusätzlich einmal pro Woche in Persona vor Ort an der htw saar statt.

In den regelmäßig stattfindenden Lehrveranstaltungen stellen die Studierenden die Ergebnisse ihrer aktiven Lernphase vor. Dabei werden mögliche Antworten der Leitfragen umfassend diskutiert und von den Dozierenden weitere, nicht allzu offensichtlich erscheinende Wissenslücken geschlossen oder kleinere Logikfehler behoben. Abschließend werden die Übungsaufgaben von den Studierenden vorgestellt und von Dozierenden auf etwaige Problemstellen, häufige Fehler und Interpretationsspielräume hingewiesen. Auf diese Weise erfolgt eine größtmögliche Einbindung der Studierenden in das Lerngeschehen, wodurch auch die Akzeptanz der Kursteilnehmerinnen und Kursteilnehmer für das Lehrkonzept steigt.

▶   **Tipp** Gerade im Blended Learning-Ansatz ist es wichtig, bei den zeitlich reduzierten Präsenzveranstaltungen die Studierenden bzw. die Schülerschaft mit einzubeziehen. Das stärkt die Akzeptanz des Formats bei den Lernenden, für die die Präsenzzeiten vor allem auch die persönliche Kontaktmöglichkeit zu den Lehrenden darstellen.

---

[6] Moodle (o. J.). Onlinequelle.

Erfahrungen und Ausblick

6

Pandemiebedingt wurde der Kurs zur Kostenrechnung im Wintersemester 2020/2021 erstmalig im Bachelorstudiengang Wirtschaftsingenieurwesen an der htw saar in dieser Form durchgeführt. Das Dozierendenteam begrüßte dazu überraschend viele Teilnehmerinnen und Teilnehmer im Kurs, nämlich 135. Üblicherweise nehmen an dieser Lehrveranstaltung lediglich 50 bis 70 Studierende teil. Ein Jahr vor der Pandemie gab es sogar nur 48 Prüfungsteilnehmer, wie in Abb. 6.1 zu sehen ist.

Von den 135 Studierenden im WS 2020/2021, die mit einem Anteil von fast 90 % an der Prüfung teilgenommen haben, konnten über 90 die Prüfung erfolgreich absolvieren. Auch diese Quote ist etwas besser als der Durchschnitt der Vergangenheit, wobei darauf hinzuweisen ist, dass auch in der Vergangenheit bereits das selbstständige Arbeiten der Studierenden im Kurs forciert wurde. Abb. 6.2 zeigt einen Auszug aus dem Notenspiegel, der das gute Ergebnis belegt.

Die Erfahrungen mit diesem Kursformat widersprechen auch der Tendenz in vielen anderen Fächern, bei denen die Dozierenden weniger Teilnehmerinnen und Teilnehmer als üblich beobachten konnten. Diese Beobachtung erstreckt sich sowohl auf das Veranstaltungsangebot als auch auf die Prüfungsteilnahme.

Studentisches Feedback

Aus Gesprächen mit Studierenden konnten zudem folgende Merkmale zur Kursgestaltung herausgearbeitet werden:

- Gesteuertes Selbststudium ist in Gruppen effizient und bei Studierenden beliebter. Viele Studierende empfanden es als stressig, alle Lösungen selbst erarbeiten zu müssen und wünschen sich mehr Teamarbeit.

S. Georg, *Möglichkeiten zur E-Learning-gestützten Lehre*, essentials, https://doi.org/10.1007/978-3-658-36821-0_6

Notenspiegel
Prüfungsfach: Kostenrechnung / Modul-Nr.: WIBASc315

Mögliche Teilnehmerzahl: 105
Wegen Nichtteilnahme nicht bestanden: 20
Tatsächliche Teilnehmerzahl: 48 ==> 45.71 %, Durchschnittsnote: 3.05

Abb. 6.1 Notenspiegel im WS 2019/2020

- Studierende versuchen, möglichst wenig in die Bibliothek zu „gehen" und physische Bücher zu nutzen. Auch deshalb wurde die Angabe von Links zu Internetquellen begrüßt.
- Die live-Veranstaltungen dürfen in keinem Fall wegfallen und verhindern ein zu großes (Corona-bedingtes) Motivationsloch. Ziel ist es also nicht, ein Fernstudium anzubieten, sondern die Vorteile von Präsenzlehre und E-Learning-Lehre miteinander zu verbinden.

Herausforderungen

Darüber hinaus ergeben sich weitere wichtige Herausforderungen für die Dozierenden und Lernende:

- Die Anerkennung geleisteter Lehrstunden als digitale Arbeitsleistung der Dozierenden verursacht immer noch Probleme. Obwohl die geleisteten Stunden die Vorgaben der Lehrverpflichtungsordnung überschreiten, entspricht keine einzige geleistete Arbeitsstunde exakt einer im Vorlesungssaal geleisteten Stunde. Dies führt prinzipiell zu Abrechnungsproblemen, die in diesem Fall nur deshalb vermieden werden konnten, weil das Konzept zuvor ausdrücklich genehmigt wurde.
- Obwohl jeder Studierende gefühlt ein Smartphone oder Tablet besitzt, fehlt überraschenderweise bei vielen Studierenden technisches Grundverständnis, wodurch gerade zu Beginn der Veranstaltung viel Nacharbeit der Dozierenden notwendig war, um sich im E-Learning-System zurechtzufinden.
- Das neue Format mitsamt dem großen (inhaltsreichen) Moodle-Kurs wirkte zu Beginn abschreckend. Studierende hatten die Befürchtung, dass die aus anderen Studiengängen und von Freunden bekannten und recht „lockeren" Kostenrechnungsveranstaltungen nun deutlich anstrengender werden.

Entwicklungschancen

Zukünftig kann das Konzept noch weiter ergänzt bzw. verfeinert werden.

Notenspiegel
Prüfungsfach: Kostenrechnung / Modul-Nr.: WIBASc315

Mögliche Teilnehmerzahl: 135
Wegen Nichtteilnahme nicht bestanden: 0
Tatsächliche Teilnehmerzahl: 120 ==> 88.89 %, Durchschnittsnote: 3
davon bestanden: 94 ==> 78.33 %, Durchschnittsnote: 2.44
davon nicht bestanden: 26 ==> 21.67 %, Durchschnittsprozente: 6.65 %

Note	Anzahl	Prozent (Sum. TN)
1.2	1	0.83 %
1.3	1	0.83 %
1.4	1	0.83 %
1.5	6	5.00 %
1.6	3	2.50 %
1.7	1	0.83 %
1.8	7	5.83 %
1.9	10	8.33 %
2.0	5	4.17 %
2.1	7	5.83 %
2.2	2	1.67 %
2.3	3	2.50 %
2.4	4	3.33 %
2.5	6	5.00 %

Abb. 6.2 Auszug aus dem Notenspiegel

- Moodle bietet die Möglichkeit, Badges (digitale Zertifikate zur Gamification) als
  Anerkennung der bisherigen Leistungen zu verleihen. Dies könnte die Motivation
  der Lernenden weiter erhöhen.[1]

---

[1] Moodle (2021). Onlinequelle.

- Themenverwandte Inhalte aus dem kompletten Bereich Rechnungswesen können als Exkurs in Schrift- oder Videoform zur Verfügung gestellt werden. Dies zeigt zusätzlich die Verflechtungen und Relevanz des Themas Kostenrechnung.
- Die Bearbeitungszeit für Einsendeaufgaben aufseiten der Dozierenden könnten sich durch standardisierte Feedbacks reduzieren. Gerade bei gängigen Fehlern müsste nicht immer wieder dieselbe Erklärung händisch abgetippt werden.
- Moodle bietet die Möglichkeit, die gestellten Aufgaben in gewissen Grenzen zu randomisieren. Das ist insbesondere dann von Bedeutung, wenn das E-Learning-System auch zur Prüfungsabwicklung genutzt werden soll.
- Die Studierenden könnten bereits im ersten Studiensemester mit den technischen Möglichkeiten der Lehre bekannt gemacht werden, sodass gerade zu Beginn des Kurses weniger technische Probleme entstehen.

Weitere Innovationen werden sicherlich nicht ausbleiben. Denn die Entwicklungen im Bereich der Lehre zu mehr digitaler Excellenz sind nicht aufzuhalten.[2]

Synchrone und asynchrone Elemente

Das vorgestellte Lehrkonzept ist eine Variante des Blended Learnings. Die synchronen In-Persona-Veranstaltungen (konzipiert als Übungsveranstaltungen über den BigBlueButton oder in Präsenz vor Ort an der htw saar) werden dabei durch die asynchronen Online-Elemente (Lernvideos, Learning-Snacks, Einsendeaufgaben) ergänzt.

Die asynchronen Online-Elemente ersetzen den Vorlesungsteil der Lehrveranstaltung. Die aus Sicht der Dozierenden freiwerdende Lehrzeit (Die Videos und Learning Snacks müssen nur einmal erstellt werden und sind danach dauerhaft wiederverwertbar.) wird genutzt, um die Einsendeaufgaben individuell zu korrigieren und Feedback zu geben, sodass eine **individuelle Betreuung der Studierenden** möglich wird.

Das bestehende Konzept kann sowohl während Pandemiezeiten rein online als auch nach der Pandemie mit allen Übungsstunden offline durchgeführt werden. Im Wintersemester 2021/2022 findet derzeit eine Mischform statt, in der jeweils eine Veranstaltung online und eine offline im Vorlesungssaal stattfinden soll.

Nachhaltigkeit des Angebots

Letztlich ist das Konzept sehr gut (auch für die Anwendung in anderen Studiengängen) skalierbar, in denen Kostenrechnung gelehrt wird, da in jedem Moodle-Kurs

---

[2] Zu weiteren Innovationen in der Lehre siehe auch Frey, D. und Uemminghaus, M. (Hrsg.) (2021). Innovative Lehre an der Hochschule.

alle Videos oder Einsendeaufgaben auch nur für diejenigen sichtbar geschaltet werden können, die sie thematisch betreffen. Damit lässt sich der Kurs kopieren und dann in Moodle für andere Gruppen individualisieren. Die dadurch freiwerdenden Lehrkapazitäten können dann für die individuelle Betreuung der Studierenden oder der Schülerschaft genutzt werden, wodurch sich die Quoten des Nichtbestehens von Prüfungen reduzieren lassen sollten.

Außerdem ist das Konzept unabhängig von der Prüfungsform geeignet, funktioniert mit einem open book exam[3] ebenso wie mit einer klassischen Klausur. Die Einsendeaufgaben können jederzeit auf die entsprechende Prüfungsform passend zugeschnitten werden.

Zudem ist denkbar, den Kurs durch Inhalte zu ergänzen, die nur für eine bestimmte Zielgruppe relevant sind. So benötigt ein Bauingenieur spezielle Kenntnisse zur Baukalkulation, die für einen Wirtschaftsingenieur weniger relevant sind; beide Gruppen bauen ihr Wissen aber auf identischen Grundlagen zur Kostenrechnung auf.

Das bestehende Konzept ist geeignet, auch in anderen Lehrveranstaltungen genutzt zu werden, insbesondere wenn Grundlagenwissen zu vermitteln ist. Zwar bereitet die Aufnahme der Lernvideos zunächst viel Mühe, und sicherlich sind die Lernvideos auch immer mal wieder durch „bessere" Videos zu ersetzen und um weitere zu ergänzen, nach Fertigstellung der Videos stehen diese aber dauerhaft zur Verfügung und können prinzipiell sogar studiengangübergreifend genutzt werden. So kann auf Dauer Arbeitszeit (Lehrzeit) eingespart werden, die sich für die individuelle Betreuung der Studierenden im Kurs nutzen lässt.

Darüber hinaus ist das Konzept auch dann anwendbar, wenn (eigentlich) wieder alle Lehrveranstaltungen vor Ort an der Hochschule stattfinden, sofern für das Dozierendenteam die Möglichkeit geschaffen wird, zumindest teilweise (dauerhaft) synchrone Vorlesungsveranstaltungen durch asynchrone Lernvideos und individuelle studentische Betreuung über Feedbackaufgaben zu ersetzen. An Schulen wird dies sicherlich nicht (so schnell) möglich sein, aber moderne Hochschulen sollten sich diesem Gedanken in Zukunft verstärkt öffnen. Auch die Politik ist an dieser Stelle gefordert, da sie das Hochschulrecht entsprechend anpassen bzw. die Lehrverpflichtung entsprechend interpretieren muss.

Kompetenzen
Bei den vermittelten Kompetenzen geht es also nicht nur um Fachwissen (im Bereich Kostenrechnung) selbst, sondern auch um die Verbesserung der Fähigkeit, sich

---

[3] Hinweise zu open book exams finden Sie bspw. auf: Freie Universität Berlin (o. J.). Onlinequelle.

mit Unterstützung durch Dozierende in neue Fachthemen einzuarbeiten und neu erworbenes Wissen dann auch anzuwenden (z. B. in den Feedbackaufgaben). Damit wird die Selbstständigkeit des Wissenstransfers gesteigert und das erworbene Wissen bleibt länger erhalten. Auch die digitale Kompetenz der Studierenden und die Fähigkeit zur Selbstorganisation werden gestärkt.

Die Lernvideos bieten den Vorteil, dass sich die Studierenden die Lehrinhalte immer wieder über die Videos ansehen und anhören können, wohingegen eine einmalige Lehrveranstaltung vor Ort diese Wiederholungsmöglichkeit nicht gewährleistet. So wird auch die Fachkompetenz der Kursteilnehmerinnen und Kursteilnehmer wachsen.

Auszeichnung

Das Lehrprojekt wurde im Rahmen des „Ausgezeichnete Lehre"-Wettbewerbs am Tag der Lehre 2021 vorgestellt. Der Vizepräsident für Studium, Lehre und Internationalisierung an der Hochschule für Technik und Wirtschaft des Saarlandes, Prof. Dr. Andy Junker, fördert als Vertreter der Hochschulleitung das Projekt mit einer kleinen Budgetzuweisung zur Verwendung in der Lehre und dankt für den außerordentlichen Einsatz zur Verbesserung der Lehre an der htw saar.

Was Sie aus diesem *essential* mitnehmen können

- E-Learning-Komponenten sind auch in der Präsenzlehre nutzbar.
- Es lassen sich mittels einfacher Methoden gut konzipierte Ansätze für die E-Learning-gestützte Lehre aufbauen.
- Es existieren viele (alternative) Tools, die sich für die Online-Lehre einsetzen lassen, sodass der Lernerfolg der Kursteilnehmerinnen und Kursteilnehmer optimiert wird.
- Auch das Dozierendenteam, seien es Hochschullehrerinnen, Hochschullehrer, Schullehrerinnen oder Schullehrer, lernen durch den Einsatz von E-Learning-Komponenten in der Lehre dazu.

Quellenverzeichnis

Bohlken, J. (2018). Onlinequelle. Selbstorganisation im Studium. Erreichbar unter: https://www.profiling-institut.de/selbstorganisation-im-studium/. Abruf am 01.12.2021.

Epp, A. (2020). Onlinequelle. Quiztools im Unterricht. Erreichbar unter: https://www.einfach-lehrer.de/quiz-unterricht/. Abruf am 16.11.2021.

Freie Universität Berlin (o. J.). Onlinequelle. Prüfungsformen computergestützter Prüfungen. Erreichbar unter: https://www.e-examinations.fu-berlin.de/e-examinations/pruefungsformen/index.html. Abruf am 04.11.2021.

Frey, D./Uemminghaus, M. (Hrsg.) (2021). Innovative Lehre an der Hochschule. Springer VS, Wiesbaden.

Georg, S. (o.J. a). Onlinequelle. Kostenrechnung. Erreichbar unter: https://drstefangeorg.de/hochschulveranstaltungen/kostenrechnung/. Abruf am 10.11.2021.

Georg, S. (o.J. b). Onlinequelle. Vorlesung Kostenrechnung. Erreichbar unter: https://www.wiin-kostenmanagement.de/vorlesung-kostenrechnung/. Abruf am 17.11.2021.

Georg, S. (2018). Das Taschenbuch zur Kostenrechnung. Epubli, Berlin.

Gloerfeld, C. (2020). Auswirkungen von Digitalisierung auf Lehr- und Lernprozesse. Springer FS, Wiesbaden.

Hochschule für Technik und Wirtschaft des Saarlandes (2019). Onlinequelle. Moodle kommt! Erreichbar unter: https://htwsaar-blog.de/blog/2019/02/25/moodle/. Abruf am 17.11.2021.

Hochschule für Technik und Wirtschaft des Saarlandes (2021a). Onlinequelle. Einführung für alle Erstsemesterstudierende. Erreichbar unter: https://www.htwsaar.de/studium-und-lehre/vor-dem-studium/brueckenkurse/angebote-auswahl/zentrale-einfuehrung-fuer-alle-erstsemesterstudierende/zentrale-einfuehrung-fuer-alle-erstsemesterstudierende. Abruf am 19.11.2021.

Hochschule für Technik und Wirtschaft des Saarlandes (o. J. a). Onlinequelle. Lernplattform. Erreichbar unter: https://www.htwsaar.de/elearning/systeme-und-services/moodle/moodle. Abruf am 24.11.2021.

Hochschule für Technik und Wirtschaft des Saarlandes (o. J. b). Onlinequelle. Wirtschaftsingenieurwesen B.Sc. Erreichbar unter: https://www.htwsaar.de/studium-und-lehre/studienangebot/studiengaenge/wirtschaftsingenieurwesen_bachelor. Abruf am 20.11.2021.

Hochschule für Technik und Wirtschaft des Saarlandes (o. J. c). Onlinequelle. Prof. Dr. Stefan Georg. Erreichbar unter: https://www.htwsaar.de/wiwi/fakultaet-und-personen/pro file/georg-stefan/stefan-georg. Abruf am 27.11.2021.

Hochschule für Technik und Wirtschaft des Saarlandes (o. J. d). Onlinequelle. Alexander Hamman. Erreichbar unter: https://www.htwsaar.de/wiwi/fakultaet-und-personen/pro file/hamman-alexander. Abruf am 27.11.2021.

Hochschule für Technik und Wirtschaft des Saarlandes (o. J. e). Onlinequelle. Dipl.-Betr.wirtin (FH) Stefanie Scherer. Erreichbar unter: https://www.htwsaar.de/wiwi/fakult aet-und-personen/profile/scherer-stefanie. Abruf am 27.11.2021.

Hochschulforum Digitalisierung (Hrsg.) (2021). Digitalisierung in Studium und Lehre gemeinsam gestalten. Springer VS, Wiesbaden.

Kiendl-Wendner (2016). Die Qualität der Hochschullehre und deren Messung, S. 243–261, in: Steirische Hochschulkonferenz. Qualität in Studium und Lehre. Springer VS, Wiesbaden.

Kuhn, T. (2021). Onlinequelle. So lässt sich der Stress vorm Monitor mindern. Erreichbar unter: https://www.wiwo.de/technologie/digitale-welt/zoom-muedigkeit-so-laesst-sich-der-stress-vorm-monitor-mindern/26957552.html. Abruf am 02.12.2021.

Learnattack (o. J.). Onlinequelle. Mit Videos lernen – Vor- und Nachteile von Lernvideos. Erreichbar unter: https://learnattack.de/magazin/mit-videos-lernen/. Abruf am 01.12.2021.

Learningsnacks (o. J. a). Onlinequelle. Erreichbar unter: https://www.learningsnacks.de/#/welcome?channel=Learning%20Snacks. Abruf am 15.11.2021.

Learningsnacks (o. J. b). Onlinequelle. Strömungsgrößen. Erreichbar unter: https://www.lea rningsnacks.de/share/90948/. Abruf am 14.11.2021.

Moodle (o. J.). Onlinequelle. BigBlueButton. Erreichbar unter: https://moodle.com/de/certif ied-integrations/bigbluebutton/. Abruf am 27.10.2021.

Moodle (2019). Onlinequelle. Was ist Moodle? Erreichbar unter: https://docs.moodle.org/ 311/de/Was_ist_Moodle. Abruf am 15.11.2021.

Moodle (2020a). Onlinequelle. Gruppen. Erreichbar unter: https://docs.moodle.org/311/de/ Gruppen. Abruf am 28.11.2021.

Moodle (2020b). Onlinequelle. Kurzanleitung zu Tests. Erreichbar unter: https://docs.moo dle.org/39/de/Kurzanleitung_zu_Tests. Abruf am 28.11.2021.

Moodle (2021). Onlinequelle. Badges. Erreichbar unter: https://docs.moodle.org/311/de/ Badges. Abruf am 27.10.2021.

Online Schule Saarland (o. J.). Onlinequelle. Die Lernplattform. Erreichbar unter: https://onl ine-schule.saarland/ueberblicken/lernplattform/. Abruf am 25.11.2021.

Quade, S. (2017). Onlinequelle. Blended Learning in der Praxis: Auf die richtige Mischung aus Online und Präsenz kommt es an. Erreichbar unter: https://hochschulforumdigitalisi erung.de/de/blog/blended-learning-praxis. Abruf am 27.11.2021.

Ruhrfutur (2021). Onlinequelle. Spielerisch lernen mit Learningsnacks und LearningApps. Erreichbar unter: https://www.ruhrfutur.de/veranstaltungen/spielerisch-lernen. Abruf am 12.11.2021.

Schul-tech (o. J.). Onlinequelle. Learning Snacks. Leckere Lernhäppchen für zwischendurch. Erreichbar unter: https://schultech.de/learning-snacks/. Abruf am 20.11.2021.

Steirische Hochschulkonferenz (2016). Qualität in Studium und Lehre. Springer VS, Wiesbaden.

Stöhler, C. (2018). Onlinequelle. Projektmanagement an Hochschulen. Erreichbar unter: https://gpm-hochschulen.de/lehre/qualitaet/. Abruf am 18.10.2021.

Techsmith (o. J.). Onlinequelle. Camtasia. Erreichbar unter: https://www.techsmith.de/camtasia.html. Abruf am 15.11.2021.

Unterweisung Plus (o. J.). Onlinequelle. Arbeitsanweisung. Erreichbar unter: https://www.unterweisung-plus.de/arbeitsanweisung/. Abruf am 27.10.2021.

Printed in the United States
by Baker & Taylor Publisher Services